Preparación de pedidos

Álvaro Torres Rojas

ic editorial

Preparación de pedidos
© Alvaro Torres Rojas

1ª Edición

© IC Editorial, 2025

Editado por: IC Editorial
c/ Cueva de Viera, 2, Local 3
Centro Negocios CADI
29200 Antequera (Málaga)
Teléfono: 952 70 60 04
Fax: 952 84 55 03
Correo electrónico: iceditorial@iceditorial.com
Internet: www.iceditorial.com

ISBN: 978-84-1184-759-9
Deposito Legal: MA 604-2025

Impresión: PODiPrint
Impreso en Andalucía – España

Nota de la editorial: IC Editorial pertenece a Innovación y Cualificación S. L.

Presentación del manual

El **Certificado de Profesionalidad** es el instrumento de acreditación, en el ámbito de la Administración laboral, de las cualificaciones profesionales del Catálogo Nacional de Cualificaciones Profesionales adquiridas a través de procesos formativos o del proceso de reconocimiento de la experiencia laboral y de vías no formales de formación.

El elemento mínimo acreditable es la **Unidad de Competencia.** La suma de las acreditaciones de las unidades de competencia conforma la acreditación de la competencia general.

Una **Unidad de Competencia** se define como una agrupación de tareas productivas específica que realiza el profesional. Las diferentes unidades de competencia de un certificado de profesionalidad conforman la **Competencia General,** definiendo el conjunto de conocimientos y capacidades que permiten el ejercicio de una actividad profesional determinada.

Cada **Unidad de Competencia** lleva asociado un **Módulo Formativo,** donde se describe la formación necesaria para adquirir esa **Unidad de Competencia,** pudiendo dividirse en **Unidades Formativas.**

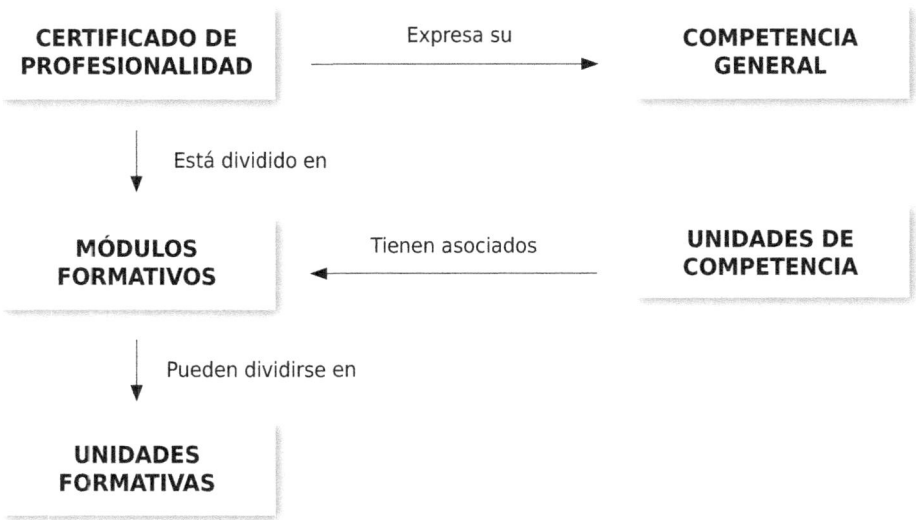

El presente manual desarrolla el Módulo Formativo **MF1326_1: Preparación de pedidos,**

asociado a la unidad de competencia **UC1326_1: Preparar pedidos de forma eficaz y eficiente, siguiendo procedimientos establecidos,**

del Certificado de Profesionalidad **Actividades auxiliares de comercio.**

MF1326_1 **PREPARACIÓN DE PEDIDOS**	Tiene asociado el ◄───────	**UNIDAD DE COMPETENCIA UC1326_1** Preparar pedidos de forma eficaz y eficiente, siguiendo procedimientos establecidos

FICHA DE CERTIFICADO DE PROFESIONALIDAD

(COMT0211) ACTIVIDADES AUXILIARES DE COMERCIO (R. D. 1694/2011, de 18 de noviembre)

COMPETENCIA GENERAL: Realizar actividades auxiliares de reposición y acondicionamiento en el punto de venta y reparto de proximidad, siguiendo instrucciones y criterios establecidos, utilizando el equipo necesario, respetando las normas de seguridad y salud, y prestando, en caso necesario, atención e información protocolarizada y estructurada, al cliente en el punto de venta o en el servicio de reparto de proximidad.

Cualificación profesional de referencia		Unidades de competencia	Ocupaciones o puestos de trabajo relacionados
COM412_1 ACTIVIDADES AUXILIARES DE COMERCIO (R. D. 1179/2008, de 11 de julio)	UC1327_1	Realizar operaciones auxiliares de reposición, disposición y acondicionamiento de productos en el punto de venta.	• 9820.1011 Reponedores/as de hipermercado. • 9820.1011 Reponedor/a. • 9433.1026 Repartidores/as de proximidad, a pie. • 9700.1010 Embaladores/as-empaquetadores/as, etiquetadores/as, a mano. • Preparador/a de pedidos. • Auxiliar de dependiente de comercio.
	UC1326_1	Preparar pedidos de forma eficaz y eficiente, siguiendo procedimientos establecidos.	
	UC1328_1	Manipular y trasladar productos en la superficie comercial y en el reparto de proximidad, utilizando transpalés y carretillas de mano.	
	UC1329_1	Proporcionar atención e información operativa, estructurada y protocolarizada al cliente.	

Correspondencia con el Catálogo Modular de Formación Profesional

Módulos certificado	Unidades formativas	Horas
MF1327_1 Operaciones auxiliares en el punto de venta		90
MF1326_1: Preparación de pedidos		40
MF1328_1 Manipulación y movimientos con transpalés y carretillas de mano		50
MF1329_1 Atención básica al cliente		50
MP0406: Módulo de prácticas profesionales no laborales		40

Índice

Unidad de Aprendizaje 4
Seguridad y prevención de accidentes y riesgos laborales en la manipulación y preparación de pedidos

OBJETIVOS GENERALES

El objetivo general del **Módulo Formativo MF1326_1 Preparación de pedidos,** es:

➲ Preparar pedidos de forma eficaz y eficiente, siguiendo procedimientos establecidos.

Operativa de la preparación de pedidos

Contenido

Objetivos

El objetivo específico de esta Unidad de Aprendizaje es:

→ Interpretar la información contenida en órdenes de pedido de distinta naturaleza o de diferentes tipos de empresas o almacenes, tanto de carácter comercial como industrial.

1. Introducción

Un aspecto fundamental en las empresas relacionadas con el almacenaje y la distribución de mercancías es la **operativa en la preparación de los pedidos.**

Este sistema de operaciones tiene como función **gestionar una adecuada distribución de los artículos** desde su recogida y entrada al almacén. Todos los pasos a seguir en este tipo de trabajos mercantiles pasa por la ubicación de los productos en las diferentes zonas o estanterías de las instalaciones, su preparación para la entrega al cliente y, por supuesto, el transporte de estos.

A lo largo de esta unidad se expondrán las **principales operaciones y pautas** a seguir en lo que a una correcta **preparación de pedidos** se refiere. Para ello nos basaremos en el caso de GLM, una empresa de almacenaje, distribución y transporte de productos químicos que por cuestiones de demanda ha tomado la decisión de construir un centro de almacenamiento que cubra las necesidades de las provincias del norte del país.

2. Introducción a la preparación de pedidos

👉 HILO CONDUCTOR

La empresa GLM, S. A. se dedica al almacenaje, distribución y transporte de productos químicos (gases, aerosoles, líquidos inflamables, líquidos corrosivos, líquidos tóxicos y peróxidos orgánicos). Ha tomado recientemente la decisión de construir un nuevo centro de almacenaje y distribución que cubra la demanda existente en la zona norte del país, que presenta un alto índice de operarios procedentes de países de la antigua Europa del Este.

En la actualidad, la preparación de pedidos continúa siendo probablemente la **actividad más compleja de un centro de distribución,** así como uno de los factores determinantes del nivel de servicio a los clientes.

En este sentido, René de Koster, profesor de Logística y Dirección de Operaciones, sostiene junto con otros autores que la preparación de pedidos ha sido designada como la **actividad más costosa y con mayor mano de**

obra para casi todos los almacenes. Así, en almacenes donde se utilizan sistemas manuales la preparación de pedidos es la tarea que más tiempo requiere, mientras que en almacenes con sistemas automáticos resulta económicamente la más costosa.

Máquina de preparación de pedidos

3. Características y necesidad de la preparación de pedidos en distintos tipos de empresas y actividades

El **control de los pedidos** se ha convertido en un componente esencial para el correcto funcionamiento de las empresas, sobre todo, cuando hablamos del sector empresarial de la logística o almacenaje; de esta forma, la necesidad de la preparación de pedidos tanto en pequeñas y medianas empresas como en las de mayor nivel es una tarea fundamental para que se produzca **un flujo de trabajo adecuado.**

Hasta hace algún tiempo, **las empresas restaban importancia a esta operación** lógica de control de mercancías; sin embargo, poco a poco los empresarios del sector comenzaron a darse cuenta de que no mantener un orden y control en estas operaciones conllevaba una mayor pérdida de tiempo, a la vez que provocaba desconcierto en clientes y empleados.

SABÍAS QUE...

El acto de la preparación de los pedidos recibe el nombre de *picking.* El *picking* es un proceso de selección y recogida de las mercancías de sus lugares de almacenamiento y su transporte posterior a zonas de consolidación, con el fin de realizar la entrega del pedido efectuado por el cliente.

La importancia de la preparación de los pedidos y su posterior distribución se debe en gran medida a la necesidad de los propios clientes, en tanto que estas actividades no dejan de ser fruto de la **cumplimentación de órdenes de pedido** por parte del consumidor.

En esta relación mercantil intervienen dos tipos de **agentes:**

Proveedor	Cliente
- Ofertante de la mercancía, productos y servicios a su cargo.	- Comprador y receptor de mercancía, productos y servicios bajo un precio anteriormente concertado.

En esta línea hay que diferenciar el pedido propiamente dicho de la intención de compra. Y es que el hecho de que muchas veces el cliente pida presupuesto a un proveedor no supone un contrato verbal previo.

 IMPORTANTE

Este tipo de intenciones no pueden ser tomadas como un pedido en toda regla, pero sí pueden servir para la previsión de mercancía por si al final el cliente decidiera aceptar las condiciones y realizar un pedido formal.

De esta forma, los aspectos relacionados con las **tareas de selección de la mercancía** en almacenes o estanterías para su posterior entrega o envío al cliente final se han convertido en las principales **características** de la preparación de pedidos, estas son:

- ➲ Control espacial del almacén y buena disposición de la mercancía.
- ➲ Correcta organización y señalización de las áreas donde se va a acumular la mercancía.
- ➲ Señalización de la propia mercancía.
- ➲ Indicación del uso o no de maquinaria para el transporte o la movilización de las mercancías.
- ➲ Indicaciones escritas, por voz o mediante dispositivos electrónicos acerca de los pedidos.
- ➲ Actualización del control de mercancía con cada nueva llegada o retirada de artículos.

En función de las características expuestas, se puede llegar a la conclusión de que el proceso de preparación de pedidos es vital para cualquier almacén, empresa de fabricación o distribución de productos. No hay sitio para los errores en este proceso, por lo que resulta fundamental disponer de herramientas que faciliten la tarea a los operarios.

El *picking* es común para diferentes tipos de actividades y empresas, ya que de él se valen tanto las pequeñas y medianas empresas como las grandes multinacionales; sin embargo, en cada una de ellas se lleva a cabo con diferentes medios:

Empresas fabricantes y de distribución de productos
- Para estas empresas el *picking* es un proceso que afecta directamente a la productividad de toda la cadena logística, por lo que para lograr su optimización resulta inevitable una mecanización que permita mejorar el rendimiento de esta. Son **empresas con mayores niveles de exigencia** de calidad de servicio y mayores volúmenes de líneas de pedido que cuentan con las soluciones tecnológicas más avanzadas y los métodos de organización del *picking* de mayor complejidad.

Organizaciones que presentan una complejidad media
- Emplean técnicas organizativas y tecnológicas asociadas en los llamados **sistemas operario-producto,** capaces de mantener altos niveles en lo que a eficiencia productiva se refiere; no obstante, son ya muchas las empresas que han optado por implantar sistemas de almacenamiento y preparación avanzados con **sistemas producto-operario.**

Continúa en página siguiente >>

<< Viene de página anterior

> **Empresas con menores niveles de exigencia**
> - Estas empresas tienen poco volumen de pedidos, baja rotación y gran cantidad de *stock* por referencia. No existe la zonificación y el personal necesario para la preparación de los pedidos es escaso, de ahí que tanto las soluciones tecnológicas como los métodos de organización que se usan en ellas se caractericen por una complejidad mínima.

 DEFINICIÓN

Sistema Operario a Producto

Aquel en el que el operario se desplaza a lo largo de los pasillos, a pie o haciendo usc de diferentes equipos de manutención, con objeto de recoger los materiales.

Sistema Producto a Operario

En este sistema la mercancía es trasladada hacia la localización del personal mediante sistemas de almacenamiento automático.

4. Consideraciones básicas para la preparación del pedido

 HILO CONDUCTOR

El nuevo centro de almacenaje de GLM contará con una superficie de 7.000 m² y será capaz de responder a las puntas de pedido generadas por una demanda estacional. Para ello, los gerentes de la compañía deberán centrarse tanto en el *picking* como en las variables que determinarán el volumen y la complejidad de este: dimensiones del producto (unidades, cajas, palés, bultos, bobinas, etc.); números de referencia en *stock* y en ventas; número de pedidos y líneas de pedido al día y su evolución (mensual y anual); zonificación o segmentación del almacén, etc.

Como has visto, el *picking* está considerado como la tarea de mayor relevancia en una actividad donde el control del almacén sea parte de su labor mercantil. Su **objetivo básico está relacionado con las necesidades de mercancía del cliente** hasta tal punto que, si una empresa recibe reiteradamente pedidos por parte uno o varios clientes de una mercancía que no distribuye, puede suceder que la demanda se generalice y la empresa en cuestión acabe por encargarse de recibir y distribuir la mercancía solicitada.

 **RECUERDA**

Las pautas a tener en cuenta para cualquier pedido van desde que el cliente solicita la mercancía hasta que esta llega a su destino.

La intensidad de operaciones dependerá en gran medida del número de referencias que se manejen y de las líneas que contenga cada pedido.

Por lo tanto, en la práctica habitual de preparación de pedidos se pueden diferenciar las siguientes **fases o etapas:**

1. Recepción del pedido en el almacén.
2. Transformación del pedido en una orden de preparación.
3. *Display* de la lista de *picking* sobre el terminal del operario.
4. Selección de los artículos a preparar.
5. Actualización de las existencias mediante la lectura del código de barras de los artículos y de las zonas de *picking*.
6. Reagrupación de los artículos en la zona de preparación.
7. Impresión y encolado de las etiquetas de los embalajes donde van a ser colocados los artículos.
8. Preparación y reagrupación de los artículos.
9. Actualización del sistema, relacionando cada embalaje con los artículos que contiene mediante la lectura del código de barras.
10. Validación final de la línea de pedido y actualización del sistema.

Una vez vistas las etapas de la preparación de un pedido, se puede concluir que para el proceso de distribución y entrega de la mercancía es preciso que las empresas dispongan de un buen **sistema de gestión de almacenes,** ya sea de manera informática o a través de controles físicos y manuales registrados, gracias a los cuales el proveedor se hará cargo de las operaciones que aparecen a continuación:

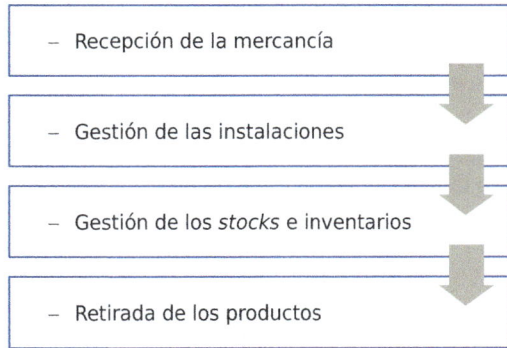

En este sentido, cuando se haya recibido el pedido por parte del cliente se comprobará si se dispone de la mercancía en el almacén y se informará a los operarios de las tareas a realizar. El suministro de esta información se puede llevar a cabo a través de diferentes métodos, esto es, con un **documento físico,** de **forma oral** y **automática** o **semiautomática con procesos informatizados.**

En esa comunicación se indicará a los operarios la recogida de la mercancía necesaria para cada uno de los pedidos, por lo que se recomienda haber hecho antes una **optimización de los trayectos entre las diferentes zonas y estanterías** de productos apilados.

La optimización de trayectos a la que se ha hecho referencia conlleva una **organización adecuada de los espacios** entre las pilas de productos, con objeto de que existan caminos espaciosos para el flujo de carretillas y operarios.

Esquema de optimización de trayectos en una superficie

Vehículo transporte	Mercancía con mayor salida	Estantería E01	Estantería E02
Zona de carga o entrega	Zona de embalaje	Mercancía apilada	
		Estantería E03	Estantería E04
		Estantería E05	Estantería E06

 **CONSEJO**

Se recomienda que en los almacenes se coloquen los productos de mayor salida más cerca de la zona de recogida y de mejor accesibilidad.

Son muchas las empresas que disponen de sistemas automáticos de **recogida y almacenaje de productos** (cintas o rodillos transportadores), **elevadores de cargas pesadas** (puentes grúa o montacargas), y **facilitadores en la elevación de mercancías;** sin embargo, también hay que tener en cuenta el lugar donde se va a depositar esta mercancía hasta su recogida para un nuevo pedido, lo cual da lugar a una variada tipología de almacenes.

A continuación puedes ver algunas de las **estanterías fijas o móviles de mayor uso** en el proceso de preparación de pedidos:

Estanterías convencionales

Estanterías autoportantes

Sistemas compactos

Sistemas dinámicos

Estanterías móviles

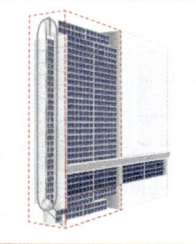

De carrusel vertical

De cargas paletizadas

Muchas de estas estanterías disponen de sistema de recuento de mercancías automático, por lo que gracias a pequeñas **pantallas de LCD** se facilita la **contabilización de productos,** acelerando el inventario de manera informatizada.

Así pues, la última operación básica que se tendrá en cuenta durante la preparación del pedido será la optimización del almacenaje de la mercancía, para lo cual será necesario colocar los **productos con mayor salida o rotación** en estanterías dinámicas y más cercanas a la zona de entrega, poner los **artículos más pesados** en estanterías fijas o palés para una mejor carga en las carretillas elevadoras y, por supuesto, no mezclar **tipos de productos de distinta gama o naturaleza.**

4.1. Diferenciación de unidades de pedido y de carga

Uno de los puntos básicos en la operativa de la preparación de pedidos es la diferenciación entre **unidades de pedido** y **unidades de carga.** ¿Sabes a qué hace referencia cada uno de estos conceptos?

Cuando una mercancía es transportada, esta suele ir recogida en grandes *containers* o elementos modulares generalmente metálicos, aunque también pueden ser de plástico o de madera. Estos contenedores contienen todo tipo de mercancía, la cual no tiene por qué pertenecer a un mismo tipo de producto o pedido.

Por lo tanto, **la unidad de carga es cada uno de estos contenedores** que pueden estar formados por unidades de mercancía del mismo producto o de diversos artículos o unidades de pedido de diferente índole. Como unidades de carga, podemos encontrar aquellas que son denominadas por el Real Decreto 1055/2022, de 27 de diciembre, de envases y residuos de envases, como envase de transporte o envase terciario: *"Todo envase diseñado para facilitar la manipulación y el transporte de una o varias unidades de venta o de uno o varios envases colectivos, con objeto de evitar su manipulación física y los daños inherentes en el transporte".* Están excluidos de este concepto los contenedores intermodales o multimodales para transporte terrestre, naval, ferroviario y aéreo.

Tipos de unidades de carga

Teniendo en cuenta lo anterior, la unidad de carga es completamente diferente a la **unidad de pedido,** dado que en este caso sí se hace referencia a un pedido concreto elegido por el cliente a través de un catálogo de productos.

En este sentido, la unidad de pedido es una **mercancía específica dentro de la jerarquía de productos que el cliente elige** en su pedido para establecer la compra.

Diferencia entre unidades de pedido y unidad de carga

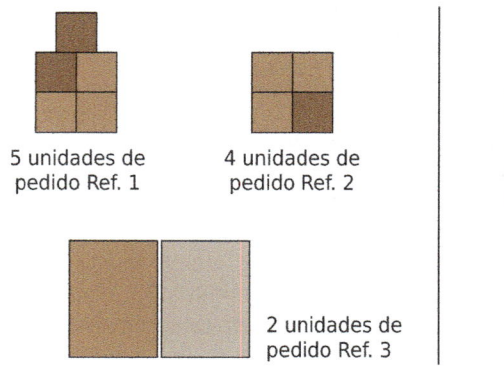

5 unidades de
pedido Ref. 1

4 unidades de
pedido Ref. 2

2 unidades de
pedido Ref. 3

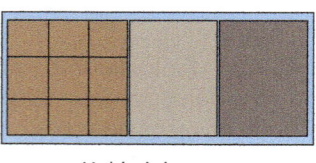

Unidad de carga

👁 **EJEMPLO**

En el caso del sector audiovisual una unidad de pedido estará formada por aquellos televisores elegidos por un determinado cliente como partida para su tienda.

4.2. Tipos de pedido

En el mercado actual existen muchos tipos de pedido: desde aquellos que integran una unidad de carga para un mismo cliente hasta los que únicamente requieren una unidad de pedido, de ahí la importancia de elaborar un **sistema de priorización de pedidos** en cada una de las empresas del sector del almacenaje de productos; de este modo, cuando se realicen pedidos de grandes cantidades, se posibilitará un envío completo y en el menor tiempo posible.

Así, se considerará un pedido perfecto aquel que se ha entregado en el plazo acordado y sin errores en las cantidades ni en el tipo de producto. Además, este deberá haber llegado a su destino sin roturas ni desperfectos y con la documentación correctamente entregada y cumplimentada.

Dentro de la priorización se irán **anteponiendo los pedidos que necesiten entregarse con mayor rapidez,** reservando para el final aquellos que no requieran tanta urgencia.

Almacén de pedidos

4.3. Unidad de pedido y embalaje

Una vez que se ha firmado el pedido, siendo aceptado por ambas partes, este debe llegar a manos de los **operarios del almacén** para poder así comenzar con las labores de recogida de las unidades de pedido indicadas y su posterior embalaje y transporte.

DEFINICIÓN

Embalaje
Procedimiento que consiste en preservar de manera cuidadosa y en un recipiente seguro aquellos objetos que van a ser transportados.

El **primer paso administrativo** es la **conversión del pedido inicial en orden de preparación** para transferirlo al Departamento de Almacén. En dicha orden aparecerán las unidades de pedido que conforman el envío, el número de trabajadores que las recogerán y el tipo de embalaje.

IMPORTANTE

No todos los productos de un mismo envío necesitan el mismo tipo de embalaje; de hecho, es muy común que por necesidades de fragilidad algunos de ellos requieran ciertos embalajes preventivos mucho más seguros y duraderos que otros.

En la actualidad, el embalaje no solo es importante para asegurar un correcto almacenaje y envío de las mercancías, sino que también se ha convertido en un factor diferenciador y decisivo a la hora de fidelizar a los clientes y ganarse su confianza.

No hay que olvidar que el objetivo que se persigue al embalar un producto no es otro que el de asegurarlo ante los posibles golpes durante el transporte desde el centro de almacenaje o distribución hasta su destino, por lo que es muy importante el embalaje seleccionado.

Factores que determinan la elección del embalaje

En términos generales, el tipo de embalaje que se utilice viene determinado por una gran variedad de **factores:**

Características físicas del producto	Otras características del producto	Características del transporte
- Peso - Volumen - Material de fabricación	- Fragilidad - Valor económico - Temperatura - Peligrosidad	- Medio de transporte - Destino - Normas técnicas - Coste

Es importante conocer las **características del producto,** ya que dependiendo de las mismas se manipulará y almacenará de diferente forma. De hecho, suelen existir zonas independientes en cada almacén para determinados tipos de productos, como aquella mercancía que necesite unas determinadas condiciones de temperatura controlada o si se trata de una mercancía peligrosa.

De esta forma, en base al medio de transporte de los productos, podemos distinguir distintos **tipos de embalaje,** recogidos en el Real Decreto 1055/2022, de 27 de diciembre, de envases y residuos de envases. A destacar:

Envase de venta o primario
- Todo envase diseñado para constituir en el punto de venta una unidad de venta destinada al consumidor o usuario final, ya recubra al producto entero o solo parcialmente, pero de tal forma que no pueda modificarse el contenido sin abrir o modificar dicho envase.

Envase colectivo o secundario
- Todo envase diseñado para constituir en el punto de venta una agrupación de un número determinado de unidades de venta, tanto si va a ser vendido como tal al usuario o consumidor final, como si se utiliza únicamente como medio de reaprovisionar los anaqueles en el citado punto, pudiendo ser separado del producto sin afectar a las características del mismo.

Envase de transporte o terciario
- Todo envase diseñado para facilitar la manipulación y el transporte de una o varias unidades de venta o de uno o varios envases colectivos, con objeto de evitar su manipulación física y los daños inherentes en el transporte.

Dependiendo del producto que se pretenda preservar, utilizaremos un material u otro en el embalaje. A continuación, mostramos los **materiales de mayor uso** para esta tarea:

⊃ **Cartón:** se trata del material más utilizado en el embalaje de productos. Es muy cómodo de usar y puede plegarse una vez que se ha abierto, ocupando muy poco espacio por si se desea reutilizar. Resultan muy manejables, pero se estropean con facilidad.

⊃ **Madera:** aunque en la actualidad su uso es menor, continúa estando muy generalizado en los grandes contenedores de productos. Soporta muy bien el golpeo y el apilamiento; sin embargo, sus tablas absorben demasiada humedad, pudiendo llegar a partirse.

⊃ **Fibras naturales y sintéticas:** son de uso muy común para materiales perecederos o material de construcción y se emplean principalmente para la creación de sacos de gran dureza. El inconveniente que presentan es que no suelen ser reutilizables tras la abertura de uno de sus lados.

⊃ **Materiales naturales:** este tipo de embalaje es muy tradicional, por lo que en la actualidad se encuentra en desuso. Además, no es válido para preservar productos perecederos durante mucho tiempo y tampoco sirve para el transporte de productos pesados.

⊃ **Plástico:** por su maleabilidad y dureza se trata de un material muy utilizado para el transporte en diferentes formas y tamaños. Es perfecto para el lavado y reutilización del mismo, pero el apilamiento de objetos pesados sobre él puede llegar a partirlo.

⊃ **Espuma de poliestireno:** se trata de un material muy resistente al golpeo y a los líquidos, por lo que su uso es habitual en materiales perecederos. En caso de rotura de alguna de sus partes, esta puede extenderse fácilmente al resto del embalaje.

⊃ *Wrap up:* consiste en un cartón ondulado que rodea a la mercancía, preservándola sobre todo de golpes; sin embargo, no puede abarcar objetos de mucha dimensión, quedando abiertas sus zonas superiores y posteriores.

Además de los materiales para el embalaje que acabamos de ver, en el producto influyen otros aspectos como son el tamaño y la carga.

Por otra parte, en caso de que haya que indicar en los embalajes **datos relacionados con el contenido** del mismo, estos se pueden rotular directamente sobre los mismos o a través de precintos y etiquetados.

En este sentido, las **indicaciones más habituales** suelen ser las que aparecen a continuación:

Indicaciones más habituales en el embalaje

Instrucciones básicas			Instrucciones especiales		
Frágil	Hacia arriba	Protéjase del calor	No usar horquetas	No usar carros elevadores	No colocar mordazas aquí
Protéjase de la humedad	No usar gancho	Centro de gravedad	Colocar mordazas aquí	Límite de apilamiento en kg	No apilar
Alejar de fuentes radioactivas	No rotar	Eslingar aquí	Límite de embalajes a apilar	Límite de temperatura	

4.4. Optimización de la unidad de pedido y tiempo de preparación del pedido

Es fundamental recordar que cada una de las operaciones que se realizan en un almacén necesitan tiempo; de hecho, en el área de expediciones y servicio al cliente **el tiempo ha acabado por establecerse como una variable diferenciadora** en casos de éxito o fracaso en la gestión de las empresas.

De esta forma, la máxima optimización de la unidad de pedido se alcanza cuando se logra rapidez en el tiempo de preparación de este, cuando se realiza en condiciones óptimas de calidad, cuando es aceptado por parte del cliente y, sobre todo, cuando se minimizan los costes del proceso.

No obstante, hay que tener en cuenta la existencia de importantes **factores que pueden llegar a ralentizar el proceso** de la preparación de pedidos.

En primer lugar, si el almacén cuenta con todo tipo de mercancías y una gran gama de productos de cada una de ellas, este dispondrá de un alto número de referencias. Como es lógico, **cuanto mayor sea la cantidad de referencias, más complicado será tener controlado el *stock* de productos.** Además, si el operario no está muy familiarizado con la ubicación de la mercancía en sus correspondientes secciones o estanterías, la operativa de control en el trabajo se volverá todavía más lenta y compleja.

Del mismo modo, la preparación de un pedido puede ralentizarse **cuando se piden una o dos unidades de pedido por cada orden.** Es decir, la optimización de un pedido será mejor cuando el número sea menor, pero con mayor cantidad de unidades de pedido. En estos casos se embalarán varias unidades de pedido sobre palés o en grandes contenedores, con objeto de acelerar la tarea, reducir el tiempo invertido y disminuir los costes.

Asimismo, cuando se realiza el *picking* de pedido para un solo artículo, el tiempo se centra únicamente en la obtención y el embalaje de esa mercancía, mientras que si en un mismo pedido se solicitan varias unidades de pedido, y más aún si son de la misma referencia, se reduce el movimiento de máquinas y operarios entre las estanterías y zonas del almacén; sin embargo, si se reciben cientos de pedidos, pero de uno o dos artículos por vez, el tránsito referido será constante, entorpeciendo el proceso de preparación.

Ejemplo de *picking* de un solo producto

Paso 1	Paso 2
Retirada de zona almacenaje	Depósito en zona embalaje

Otro de los factores a considerar en lo que a la ralentización de la preparación de pedidos se refiere es el **control de las distintas zonas del almacén,** que vendrá determinado por las características de los artículos y su mayor o menor salida comercial. En este sentido resulta fundamental saber que **no pueden mezclarse artículos no compatibles** entre sí como, por ejemplo, artículos de alimentación con otros altamente tóxicos, productos de limpieza o medicinales.

Además, una vez zonificados los productos por sus propias características, se facilitará el trabajo si se **agrupa cada tipo de mercancía por familias o gamas.** Lo mismo sucede con la optimización de los pedidos **en función del tamaño y la forma de las unidades,** esto es, las mercancías más pesadas y de mayores dimensiones se deberán colocar debajo de las más pequeñas y ligeras.

Por último, el factor más importante para la mejora del tiempo en la preparación de los pedidos o *picking* para su entrega o transporte es el de la **colocación de la mercancía de mayor salida en el almacén.** Este sistema se basa en segmentar la mercancía por características y familias sobre el papel y ordenar antes de su colocación en zonas y estanterías los productos de mayor a menor salida comercial. Dicho sistema es conocido como **Rotación de tipo ABC,** que basa sus principios en la ley de Pareto**.**

Aunque este sistema optimiza por lo general los tiempos, existe un factor que puede hacer variar la calidad del sistema de manera temporal: las **urgencias en los pedidos**.

Es cierto que la interrupción en la preparación de un pedido puede que no sea rentable para una empresa distribuidora de mercancía, pero la optimización de los pedidos viene determinada en gran parte por la entrega a tiempo de los productos solicitados. Por ello, en ocasiones, es de obligado cumplimiento **detener una tarea de *picking* de productos de un pedido anterior por la necesidad de entrega de otro pedido** que, aunque sea menor en cantidad de unidades de producto, tenga mayor urgencia en los plazos de entrega.

La disposición de la mercancía es fundamental para la organización y la optimización del tiempo, sin embargo, también se debe tener en cuenta en este sentido la normativa relativa a la prevención de riesgos laborales, puesto que se debe evitar, por ejemplo, situar mercancía pesada en lugares altos, por el riesgo de caída de los mismos.

PARA SABER MÁS

Consulta el siguiente enlace para conocer los pasos a seguir para llevar a cabo un análisis ABC.

https://redirectoronline.com/mf13260101

APLICACIÓN PRÁCTICA

Tomando como referencia la tipología de productos que almacena y distribuye la empresa GLM, identifica algunos de los factores que pueden provocar una ralentización en el proceso de preparación de pedidos.

Solución

Aspectos como la recepción, identificación, evaluación, preparación, reembalaje, reposición y reintegro de las devoluciones o disponer de una amplia gama de productos pueden suponer una carga en cuestiones de mano de obra y de espacio.

La radiofrecuencia en la optimización de la preparación de pedidos

Un concepto a tener en especial consideración es el de **radiofrecuencia,** fundamental para guiar al operario en la optimización de los movimientos que debe realizar en el almacén, convirtiéndose en una de las soluciones de mayor fiabilidad ofrecidas por el mercado.

 **DEFINICIÓN**

Radiofrecuencia

Es un sistema que guía al usuario en tiempo real durante todas las operaciones que debe realizar en el almacén, reduciendo los movimientos, aumentando la productividad y minimizando los errores.

Su funcionamiento está basado en el uso de la tecnología de radiofrecuencia aplicada a la transmisión inalámbrica de datos.

Un servidor se encarga de hacer funcionar el *software* de gestión y de recibir las órdenes de preparación por parte del ERP *(Enterprise Resource Planning)* para transmitirlas a los diferentes radioterminales que existen en el almacén.

Mediante estos dispositivos, dichos operarios informarán al servidor de todos los movimientos ejecutados; de esta manera, se dispone de un **control de las operaciones en tiempo real con un trabajo sin papeles,** manteniendo en todo momento un inventario permanente que facilita tanto la trazabilidad como la gestión de *stocks,* todo ello en beneficio de la productividad y de la calidad del servicio.

 VÍDEO

Observa el siguiente vídeo en el que se presentan los casos reales de empresas que aportan diferentes visiones sobre la aplicación de la **tecnología de radiofrecuencia** en sus respectivos negocios.

https://redirectoronline.com/mf13260102

 **TAREA 1**

Observa las imágenes que aparecen a continuación, en las que se observan los almacenes de un pequeño comercio, una empresa de servicios de almacén y una empresa industrial:

A partir de las mismas, diferencia las fases y elementos propios del proceso de preparación de pedidos en función de cada establecimiento.

5. Documentación básica en la preparación de pedidos

👉 **HILO CONDUCTOR**

En lo que a la distribución de tiempos por actividad se refiere, los jefes de almacén de GLM han llevado a cabo una estimación, según la cual tareas como la preparación de la documentación o la transmisión de órdenes ocuparían hasta un 25 % del tiempo total de la jornada. Este porcentaje muestra claramente la importancia que esta empresa le da a los documentos generados durante el proceso de preparación de pedidos.

Los pedidos deben contener una **documentación básica que garantice su control.** Además, esta documentación se completa con resguardos y albaranes que permiten demostrar la conformidad por parte del cliente, así como la recepción y cobro de los artículos.

La preparación de esta documentación, compuesta en la mayoría de los casos por la **hoja de pedido,** el **albarán,** la **orden de reparto** y el *packing list,* supone junto con la transmisión de las órdenes a los operarios hasta un 25 % del tiempo total del proceso de preparación de pedidos, de ahí que el personal deba identificar con claridad de qué producto se trata, apoyándose en una descripción adecuada de los artículos que aparecen recogidos en la hoja de pedido.

Los **documentos más comunes** en el proceso de la preparación de pedidos son los siguientes:

La hoja de pedido es el **impreso que se utiliza para solicitar productos o servicios a una empresa.** En él se detallan los productos solicitados, se concreta la forma o modo de pago y se facilitan los datos necesarios para efectuar la entrega de la mercancía.

HOJA DE PEDIDO Nº: _____

FECHA: ___ / ___ / _____

DATOS DE LA EMPRESA VENDEDORA   DATOS DEL CLIENTE

Código	Descripción	Cantidad	Precio	Importe

| | TOTAL | |

Observaciones.	Firma y nombre del cliente

Hoja de pedido

El albarán o nota de entrega puede definirse como un **documento mercantil que acredita la entrega de un pedido;** de esta forma, el albarán original y una copia son enviados al comprador, el cual debe firmarlo **como prueba de que ha recibido el pedido,** quedándose con el original y entregando la copia al mensajero o transportista.

Su uso no es obligatorio, por lo que en ocasiones se entrega directamente la factura. En aquellos casos en los que las transacciones sean muy continuas se entregará albarán y al final de cada periodo se emitirá la factura de todas las transacciones.

ALBARÁN Nº _____

FECHA _____

DATOS DE LA EMPRESA VENDEDORA   DATOS DEL CLIENTE

Datos para la entrega de la mercancía

Entregar en:

Nº de pedido _____
Portes _____
Bulto _____
Medio de transporte _____

Código	Descripción	Cantidad	Precio	Dto.	Importe

Base IVA		% IVA		Importe IVA		Total €	

Observaciones	Firma y nombre del cliente

Albarán

[31]

Cuando se trate de un reparto de proximidad, en el que no se utilice transporte ajeno al establecimiento y se lleve a cabo por personal del propio comercio, se utilizarán las **órdenes de reparto,** esto es, documentos en los que figuran los datos necesarios para una entrega adecuada como, por ejemplo, dirección y hora de entrega, medios de manutención a usar, número de bultos, etc.

Remitente			Fecha de entrega	
Transportista			Destinatario	
Mercancía	N.º de bultos		Uds. de cada bulto	Peso kg

Portes pagados en:	Salida de	Llegada de
Origen:	Fecha: _____ hora: ___	Fecha: _____ hora: ___
Destino:	Transportista:	Recibí conforme:
	(firma)	(firma)

Orden de reparto

El *packing list* se define como el documento en el que **se detallan todos los bultos, cajas o paquetes que componen la expedición,** así como el peso de cada uno, que se identifica además con un número o una referencia. Su función es facilitar las labores de inspección y embarque de los bultos que aparecen en la factura.

PACKING-LIST N.º _____
Nº de factura vinculado: _____
Fecha: _____

DATOS DEL CLIENTE
(Nombre, Dirección, País)

DATOS DE LA EMPRESA VENDEDORA
(Nombre, Dirección, País)

Datos para la entrega de la mercancía
Entregar en:

Ud. de carga	N.º de bulto	Clase de embalaje	Descripción de la mercancía	Peso bruto Kg	Peso Neto Kg	Volumen m³

Nº Total de Embalajes	Peso Total		Responsable de control	Responsable de embalaje
	Neto	Bruto		

Packing list

APLICACIÓN PRÁCTICA

El grupo GLM tiene previsto generar una enorme cantidad de documentación durante el proceso de preparación de pedidos, entre la que se encuentra la que se emite para facilitar las labores de inspección y embarque de los bultos que aparecen en la factura. ¿Qué documento recoge esta información?

Solución

El *packing list* o relación de contenido, completa la información descrita en la factura comercial respecto a la mercancía, facilitando de esta manera el reconocimiento selectivo de la misma.

- -

Una vez vistos los aspectos básicos de la documentación habitual en la preparación de los pedidos, deben conocerse **otros factores a tener en cuenta** respecto a esta:

- ➲ Puede **adjuntarse al producto** y, además, estar en forma de lista. En ella pueden aparecer todos los artículos que se incluyen en el envío, así como **su descripción y cantidad** en espera a la conformidad del cliente.
- ➲ Se puede **enviar por fax o por EDI** (*Electronic Data Interchange* o Intercambio Electrónico de Datos), al tiempo que se expide la mercancía; de esta forma, el cliente queda informado tanto del envío como de las descripciones de todos los artículos, la cantidad y el día de recepción de la carga.
- ➲ Cuando la mercancía traspasa fronteras, la documentación administrativa se adjunta a otro tipo de documentación burocrática como son las **declaraciones de importación y exportación** o los **formularios para aduanas.**

ACTIVIDAD COMPLEMENTARIA

1. Reflexiona sobre el EDI o Intercambio Electrónico de Datos. Para ello, realiza una búsqueda de información en la red y enumera las ventajas y desventajas que este sistema tiene para las empresas de almacenaje y/o distribución.

- -

Al hilo de lo anterior, se puede concluir que la documentación básica en la preparación de un pedido es la que sirve para realizar el **seguimiento, control y registro en administración de cada uno de los pedidos con su número de referencia.** En su apelativo anglosajón este tipo de documentación es conocida como *licking*.

Para que un operario sepa qué tareas debe realizar en el almacén deberá recibir una **lista de preparación de pedidos.** Entre los datos de la documentación deberán especificarse los pedidos, el nivel de urgencia, el trabajador o grupo de trabajadores encargados de llevar a cabo cada preparación, etc.

Esta lista puede ser entregada de distintas formas:

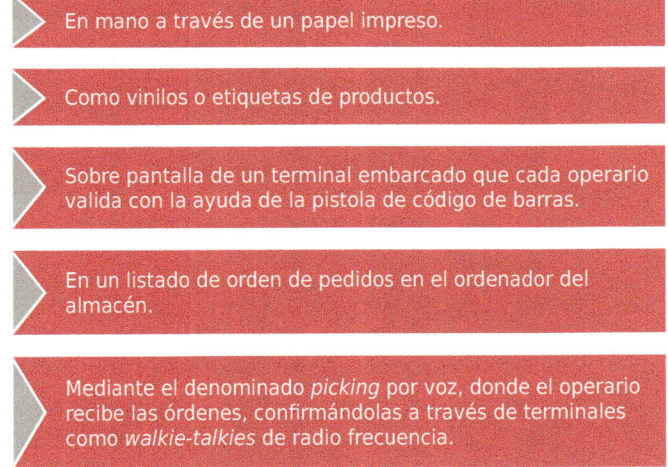

En mano a través de un papel impreso.

Como vinilos o etiquetas de productos.

Sobre pantalla de un terminal embarcado que cada operario valida con la ayuda de la pistola de código de barras.

En un listado de orden de pedidos en el ordenador del almacén.

Mediante el denominado *picking* por voz, donde el operario recibe las órdenes, confirmándolas a través de terminales como *walkie-talkies* de radio frecuencia.

NOTA

Los documentos conocidos como *licking* son aquellos que guardan relevancia con el Departamento de Administración, pues serán los que tengan relación con el control de los albaranes y facturas desde la elaboración del presupuesto hasta su aceptación; de esta forma, la tarea del *licking* no se considera finalizada hasta que la factura haya sido pagada, recogida y contabilizada en archivo y firmada junto con el albarán de entrega.

El *picking* o preparación de pedidos se puede realizar por medio de unidades, productos envasados en su empaque original, cajas o grupo de cajas que se alistan de acuerdo con un documento específico.

Como es lógico, los documentos referidos anteriormente variarán en función de cómo esté redactado el pedido. En este sentido, la documentación habitual viene determinada por el **número de operarios que intervienen en el proceso** de preparación de los pedidos, entre otros factores; de esta forma, los **tipos de pedido más comunes** responden a los siguientes criterios:

Un operario para cada pedido
- En este caso es el mismo operario quien recoge las unidades de pedido, las lleva a la zona de embalaje, embala y entrega el pedido.

Varios operarios por pedido
- Diferentes operarios se reparten la tarea a modo de cadena, en la que unos recogen los productos, otros embalan y los últimos entregan la mercancía embalada.

Un operario para varios pedidos
- El operario se responsabiliza de la recogida de varios artículos de diferentes pedidos a la vez y es en la zona de embalaje donde se encarga de repartir los productos por pedidos, embalarlos y entregarlos.

Varios operarios para varios pedidos
- En este caso son varios los operarios encargados de recoger los diferentes artículos o unidades de pedido de diferentes pedidos a la vez, siendo sus compañeros de la zona de embalaje los que agruparán los artículos por pedido para embalar y entregar en su zona.

Un operario con puesto fijo
- Nos referimos tanto a los trabajadores encargados de permanecer sobre la maquinaria para el transporte y movimiento de cargas pesadas como de aquellos que se encuentran en las cadenas de montaje.

5.1. Documentación habitual

Tanto para su registro en administración y contabilidad como para que los operarios sean conscientes de las tareas que han de realizar, la documentación habitual en la preparación de pedidos suele contener una **serie de campos de obligado cumplimiento:**

- Número de pedido
- Fecha de expedición o entrada
- Fecha de entrega
- Referencias de los artículos
- Descripción de la mercancía
- Cantidades de unidades de pedido
- Carga máxima permitida por embalaje o unidad de carga
- Dimensiones máximas permitidas por embalaje o unidad de carga
- Ubicación en el almacén de cada una de las referencias
- Tipo de embalaje
- Disposición de los productos en el embalaje final

Otro tipo de documentación habitual a nivel logístico es la correspondiente a los **partes de trabajo personal,** en los que se pueden diferenciar también los siguientes campos:

Operario
- Es necesario que el encargado establezca las tareas a realizar por turnos y trabajadores. Por ello, en el parte de trabajo siempre suele haber un apartado referente al operario u operarios que van a llevar a cabo una u otra tarea.

Observaciones
- Si durante el proceso de *picking* y empaquetado se ha observado algo que se considera importante, será preciso recordarlo por si surge una situación similar.

Incidencias
- En este apartado se redactarán aquellos imprevistos o problemas que hayan obligado a ralentizar o detener el trabajo (averías en máquinas, artículos defectuosos, accidentes, rotura de materiales, etc.).

5.2. Sistemas de seguimiento y control informático de pedidos

Hay que tener en cuenta que para mantener el control del proceso y mejorar el **picking** de los artículos en condiciones de calidad y tiempo adecuadas existen diferentes tipos de **sistemas de realización de partes de trabajo y control de pedidos.**

Los **sistemas más habituales en las pequeñas empresas** o en aquellas en las que no existe cierta apertura a las nuevas tecnologías y procesos informáticos suelen estar en formato papel y se registran manualmente en archivadores y carpetas; sin embargo, **en las grandes empresas son frecuentes otros sistemas** de seguimiento y control de pedidos en soporte informático que aceleran el proceso y garantizan que no se pierda información con tanta facilidad, ya que permanecen en bases de datos webs virtuales o discos duros externos. Se trata de los sistemas **SGA** o **Sistema de Gestión de Almacén.**

 **DEFINICIÓN**

SGA
Herramienta de *software* informático cuya función es preparar los pedidos de forma cómoda y automatizada, permitiendo la modificación de cada sección en tiempo real y sin tener que escribir o imprimir un nuevo parte.

A partir de la anterior definición cabe destacar que **estos sistemas pueden ir introduciendo nuevos pedidos de mayor urgencia** en terminales o en ordenadores personales de almacén según vayan apareciendo o cambiando su prioridad; de este modo, se establece un orden de urgencia en la entrega de los pedidos a tiempo real, situándose automáticamente en función de la prioridad.

Entre los sistemas más utilizados en la gestión de almacén se encuentra el **ERP** *(Enterprise Resource Planning)* o Planificación de Recursos Empresariales. Este sistema tiene cada vez mayor presencia en todo tipo de empresas, independientemente de que se relacionen o no con la distribución y el transporte de mercancías.

NOTA

Los sistemas SGA pueden incluirse dentro de los ERP como datos complementarios importantes de controlar en este tipo de empresas.

Se puede decir que los sistemas SGA están destinados de forma más directa a la creación y control de los pedidos, mientras que los sistemas ERP están creados para la verificación y el control de cada uno de los departamentos de la empresa (jefatura, mandos intermedios, administración y operarios). Cada ERP está adaptado a las áreas y funciones de la empresa, constituyendo una herramienta esencial para controlar los flujos de información derivados de la preparación de pedidos. A continuación, se muestran las ventajas y desventajas de los sistemas SGA y ERP:

Ventajas ✓	Inconvenientes ✗
- La principal ventaja tanto de los sistemas SGA como de los ERP radica en el control y cambio de información relevante en tiempo real. - La comunicación e información en tiempo real acelera procesos en cuanto a logística de información y productos, detección de problemas, averías o errores, cambios en las características de los pedidos o la urgencia de las entregas, etc.	- Necesitan una inversión **económica elevada** y tienen un **alto coste de mantenimiento.** No siempre son accesibles a todas las empresas. - Al tratarse de sistemas completamente cerrados, con ciertos campos generales a rellenar, resultan insuficientes para muchas empresas. - Los operarios necesitan hacer cursos periódicamente para conocer el funcionamiento del sistema. Esto genera un **incremento en los costes** y **pérdida de tiempo de jornada laboral.**

5.3. Control informático de la preparación de pedidos

Tomando como referencia lo expuesto hasta ahora sobre los sistemas de seguimiento y control de los pedidos, podemos afirmar que el control informático de la preparación de pedidos suele reducirse al **aprendizaje y manejo de sistemas de control tales como los SGA y los ERP.**

				Planificación *multi-site*	
				Programación basada en restricciones	
				Fabricación contra proyecto	
Autoservicio			Reporte de proyectos	Ingeniería bajo pedido	Planificación de la demanda
Selección de personal	Gestión de contratos de servicio		Gestión de contratos de venta	Fabric./Conf. y ensamblaje bajo pedido	Facturación
Gestión del capital humano y certificaciones	Servicios de contratos de servicio	Proyectos de ingeniería	Gestión de subcontratación	Proceso por lotes	Programas de clientes
Gestión de la formación	*Call center*	Gestión de cambios de ingeniería	Gestión de riesgos	Fabricación repetitiva	Pedidos
Gestión de gastos	Configurador de ventas	Gestión de datos activos	Planificación de proyectos	Órdenes de fabricación	Programas de proveedores
Control de presencia	Tienda Web		Presupuestos de proyectos	Costes	Compras
Admón. de nómina	Ventas & *Marketing*	Configuración PDM	Gestión de proyectos	Reporte de planta	Inventario
Recursos humanos	Ventas y servicios	Ingeniería	Proyectos	Fabricación	Distribución

Sistema ERP basado en componentes

Al hilo de la muestra anterior, puede concluirse que **estas herramientas permiten:**

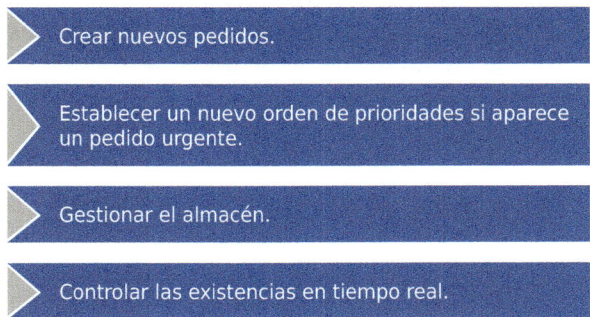

Crear nuevos pedidos.

Establecer un nuevo orden de prioridades si aparece un pedido urgente.

Gestionar el almacén.

Controlar las existencias en tiempo real.

No obstante, hay que considerar que el control informático de la preparación de pedidos se produce desde el inicio de la orden. Al tratarse de una herramienta que se actualiza en tiempo real, resulta posible observar las existencias desde la recepción de la mercancía, así como verificar si la mercancía recibida en el almacén es la adecuada y si se encuentra en perfectas condiciones.

 ACTIVIDAD COMPLEMENTARIA

2. Realiza una búsqueda en la red y localiza un manual de buenas prácticas en el pequeño comercio en España a partir del cual describas la situación actual de este tipo de establecimientos en lo que a los sistemas de seguimiento y control de pedidos se refiere.

   ¿Cuáles son los principales motivos por los que los pequeños comercios deben implantar sistemas de seguimiento y control de pedidos en su gestión?

Como has visto, el control de existencias se acelera en el tiempo, pero no solo gracias a los sistemas SGA o ERP, sino también a través de las **pistolas lectoras de códigos de barra.** Estas suelen estar conectadas directamente con los sistemas de gestión antes indicados, por lo que nada más hacerse la lectura del código de barras de la referencia del producto recibido, esta aparecerá en el apartado de control de existencias y almacén.

Estos sistemas registran toda la información durante el proceso y tras la preparación del pedido efectuada, por lo que una vez finalizado el pedido, este desaparecerá del listado de trabajos pendientes del almacén, apareciendo solo en las terminales u ordenadores de los operarios encargados de cargar la mercancía en el transporte; de esta manera, los campos que ahora aparecerán son los referentes al **medio de transporte al que irá destinada cada una de las unidades de carga.**

Control informático de la preparación de pedidos

5.4. Trazabilidad: concepto y finalidad

Hoy en día, la **trazabilidad** es uno de los conceptos que mayor repercusión ha tenido en el sector de la distribución y almacenaje, hasta el punto de haberse convertido, sin ninguna duda, en una herramienta básica en la gestión del riesgo.

Según la norma UNE 175001-2:2016, un proceso de trazabilidad completo y fiable a lo largo de la cadena de suministro de un producto, es una de las herramientas indispensables para la prevención y detección de una crisis. Por tanto, la trazabilidad se define como la posibilidad de seguir el rastro, a través de todas las fases por las que pasa el producto: producción, transformación y distribución de un producto de la pesca destinado al consumo o la transformación posterior.

 **TAREA 2**

En un almacén de productos perecederos, cuyo flujo de mercancías consiste en dar salida a la primera que entró, tienen que desarrollar cuatro pedidos en un corto espacio de tiempo. A continuación, se detallan los datos correspondientes a cada uno de ellos.

Pedido	Lote (Uds)	Inventario restante	Demanda/día
3010	100	40	5
3015	100	30	3
3017	150	60	3
3019	50	25	1

Señala cuál será el siguiente pedido a procesar y describe los documentos propios de los distintos pedidos, diferenciando las hojas de pedido, albaranes, órdenes de reparto y *packing lists*.

Asimismo, observa los siguientes datos correspondientes a una empresa que se dedica a la comercialización de equipos y herramientas para la industria a nivel nacional. Al igual que en el caso anterior, señala cuál será el siguiente pedido a procesar y describe los documentos de los distintos pedidos, diferenciando las hojas de pedido, albaranes, órdenes de reparto y *packing lists*.

Pedido	Lote (Uds)	Inventario restante	Demanda/día
284.0	175	25	6
285.0	300	100	6
287.0	110	90	3
291.0	220	80	2

Una vez que hayas descrito la documentación anterior, analiza cómo influye esta en la preparación efectiva del pedido y argumenta las ventajas que aporta trabajar con estos documentos.

6. Registro y calidad de la preparación de pedidos

Todos los sistemas de control y gestión de pedidos que has visto hasta ahora persiguen un mismo objetivo, esto es, **el registro y la calidad de la preparación de pedidos.**

En ese sentido, cada nuevo presupuesto recibe una **codificación para su registro y control.** Esa codificación no suele tener relación alguna con los números de pedido, ya que, como es lógico, no todos los presupuestos que se ofertan a los clientes son aceptados.

Tanto los presupuestos como los pedidos terminados tendrán un **número de registro que permite la recuperación de ciertos datos necesarios para la empresa** con el paso del tiempo, además de favorecer el control de la contabilidad en cuestiones relativas a la Agencia Tributaria.

Operaciones de registro y control de pedidos

6.1. Verificación del pedido

Un aspecto fundamental en la correcta consecución de los pedidos es el de la verificación de estos; de esta manera, se considera verificación a la **comprobación del cumplimiento de lo acordado.**

Por tanto, al hablar de verificación de un pedido estamos haciendo referencia a que antes de registrarlo se ha comprobado que este se ha realizado correctamente a lo largo de diferentes **fases o etapas,** que son las siguientes:

1. **Comprobación previa de las existencias:** la primera verificación de este proceso es la comprobación previa de las existencias antes de establecer un plazo de entrega con el cliente.
2. **Verificación de crédito por parte del cliente:** ahondando en el proceso de verificación de pedidos, en algunas empresas existe otro tipo de comprobación referente a la verificación de crédito por parte del cliente. No se trata de una acción muy aconsejable, ya que muchos de ellos pueden sentirse ofendidos con esta acción; sin embargo, las pequeñas empresas suelen verse muy afectadas por los impagos, lo que hace que algunas pidan garantías de que se van a establecer los pagos acordados.
3. **Comprobación de recepción de información por parte de los operarios:** otro tipo de verificación de carácter interno es la comprobación de que cada uno de los operarios que intervienen en la cadena del proceso ha recibido y entendido la información necesaria para realizar su tarea sin lugar a dudas ni errores.
4. **Verificación del pedido antes del envío:** también debe comprobarse que no se hayan cometido errores al finalizar el proceso de *picking* y embalaje, cuando un encargado revisará y verificará el pedido antes de que este vaya a ser enviado.
5. **Verificación del cobro:** la última observación que se efectuará antes de dar por archivado un determinado pedido es la verificación del cobro. Solo puede darse por finalizado un pedido cuando el cliente ha recibido la mercancía correctamente y ha efectuado el pago. Es entonces cuando se puede archivar la documentación en los libros de contabilidad y facturación de la empresa.

 IMPORTANTE

Nunca se debe garantizar una entrega a tiempo si no se dispone de las existencias suficientes para poder completar el pedido en plazo. Se debe tener especial cuidado con las roturas de *stock*, para ello es importante conocer la rotación de *stock* o inventario.

6.2. Flujos de información en los pedidos

Como has visto hasta ahora, son muchos los motivos por los que una empresa toma la decisión de invertir una elevada cantidad de dinero en sistemas de control y gestión de pedidos informáticos (SGA y ERP); sin embargo, el más importante de ellos es el registro y recuperación de información en cualquier momento del proceso. Es lo que se denomina **mayor velocidad dentro de los flujos de información de los pedidos.**

Todo pedido necesita que el **flujo de información entre los distintos departamentos** sea lo más fluido posible, pero muchas empresas no poseen la capacidad económica para ello o, simplemente, no reciben con buen criterio las nuevas tecnologías. En esos casos, los flujos de información entre las áreas se efectuarán a la vieja usanza a través de la **comunicación por voz,** mediante **notificaciones en papel** o, incluso, personándose en otro departamento para comunicar la nueva información boca a boca.

Esto supone una gran desventaja, ya que si no se puede contactar con la persona deseada del departamento correspondiente en ese momento, es posible que se olviden los detalles que se desean transmitir, provocando graves errores en los flujos de información. Por ello, los **sistemas SGA y ERP son los más indicados,** porque gracias a ellos la **información queda registrada,** pudiendo ser visualizada en cualquier momento.

6.3. Codificación y etiquetado de productos y pedidos

Por lo general, la codificación y etiquetado de productos y pedidos puede definirse como el **sistema de control de existencias y pedidos basado en la asignación de referencias** a través de un código que los distinga entre sí.

Actualmente, los sistemas de codificación y etiquetado suelen estandarizarse para facilitar la localización y el control, garantizando así una mayor eficiencia empresarial y un menor coste tanto temporal como económico.

Estos sistemas de codificación **permiten una rápida identificación del producto o pedido.** Además, estas etiquetas, ofrecen de una forma clara, breve y concisa **información relativa al producto** o lote de estos.

En este sentido, los **sistemas estandarizados de codificación más comunes** son los que se presentan a continuación:

Código de barras
- Compuesto por una serie de barras dispuestas de forma vertical y una serie de números inferiores, este código permite la identificación gracias al uso de lectores láser o pistolas de código de barras. En este sistema cada código identifica solo un tipo de producto reconocible mundialmente.

Sistema de codificación numérica
- En este caso, la referencia se establece mediante una serie de números. Si cada año se empiezan a asignar los números desde el 0, al final del mismo se obtendrá la información de la cantidad de pedidos completados con tan solo observar la cifra del último pedido archivado.

Sistema de codificación alfabética
- En este supuesto, la identificación de los pedidos se hará a través de letras y no números. Por lo general, suelen asignarse iniciales para los productos y un sistema alfanumérico para los pedidos y secciones.

Código binario
- Este sistema de codificación, basado en largas cadenas de números 1 y 0, es el mismo que utilizan los ordenadores para su lenguaje informático.

Sistema EDI
- Este sistema acepta todas las codificaciones mencionadas anteriormente, facilitando el traspaso de información a ordenadores y terminales mediante una mínima intervención por parte de los operarios.

6.4. Control y registro de calidad en la preparación de pedidos: exactitud, veracidad y normas de visibilidad y legibilidad de etiquetas

Gracias al uso de herramientas como los sistemas **EDI, SGA** o **ERP,** es posible establecer un perfecto control y registro de calidad en el proceso de preparación de los pedidos. Este tipo de sistemas informatizados **garantizan:**

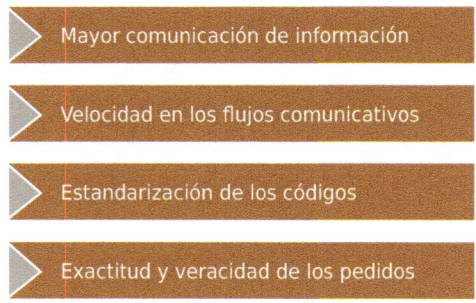

En este sentido, con el empleo de este tipo de herramientas se aceleran los procesos; sin embargo, hay una serie de **normas a tener en cuenta sobre la visibilidad y legibilidad de las etiquetas en los productos y pedidos** que pretenden garantizar una mayor agilidad durante todo el proceso, así como estandarizar los sistemas de etiquetado para evitar dificultades en la interpretación de las mismas.

Por lo general, el etiquetado de un producto viene a representar la tarjeta de presentación del mismo, así como su garantía de calidad, de ahí que resulte fundamental conocer cada una de las indicaciones que contienen las etiquetas:

- **Código del producto:** a ser posible con sistemas de codificación estándar tales como códigos de barra o binarios.
- **Nombre del producto:** este tiene que ser idéntico al declarado a la autoridad pertinente encargada de la inspección del mismo.
- **Razón social del proveedor:** al menos debe aparecer nombre y dirección de la empresa proveedora para posibles errores o pérdidas.
- **País de origen:** en caso de tener que recibir o enviar mercancías de mercados extranjeros aparecerán las indicaciones "Made in x" o "Product of x" siempre en inglés por su carácter universal.
- **Peso y tamaño:** en las etiquetas se suele indicar el peso y el tamaño del producto.
- **Contenido:** en caso de tratarse de un contenedor o unidad de carga debe indicarse en su etiquetado el número de unidades de pedido que contiene.
- **Número de bultos:** en caso de tener que recibir varias unidades de carga en un mismo pedido se suelen numerar los bultos o contenedores con la señal universal "1/x", "2/x"... o "1 de x, 2 de x" y así sucesivamente, donde la x se cambiará por el número total de bultos para su entrega.

Además de los referidos anteriormente, existen otros tipos de estándares que regulan los requisitos de legibilidad relativos al **etiquetado,** destacando los elementos esenciales que debe contener una etiqueta para que sea **legible, destacable e indeleble.**

 **EJEMPLO**

En el sector alimenticio se aplica la siguiente normativa:

- Real Decreto 1334/1999, de 31 de julio, por el que se aprueba la Norma general de etiquetado, presentación y publicidad de los productos alimenticios.
- Reglamento (UE) nº 1169/2011 del Parlamento Europeo y del Consejo, de 25 de octubre de 2011, sobre la información alimentaria facilitada al consumidor.

En relación a esos tres aspectos para que una etiqueta pueda considerarse destacable es necesario que los textos que aparezcan en ella puedan distinguirse del **fondo** de la misma, así como que otro tipo de **adornos decorativos o los logotipos empresariales no interfieran en la legibilidad** de los textos.

Asimismo, debe ser **resistente a factores externos** como la humedad, la temperatura, el manejo de la mercancía, el sudor o los líquidos de limpieza y mantenimiento, razón por la cual la norma indica claramente que los textos en este tipo de etiquetado deben estar impresos de manera indeleble.

En cuanto a la legibilidad, la norma no hace referencia alguna al tamaño máximo o mínimo de los textos que deben aparecer en el etiquetado; sin embargo, sí advierte que hay que ser consecuente con la información que se pretende ofrecer y que esta debe ser **legible y comprensible a simple vista.**

EXPEDIDOR Nombre o razón social y domicilio [código de barras] 1 2 23456 78901 Código y/o fecha de caducidad	País de Origen	Categoría y/o número bultos
	Producto: Variedad:	
	Tamaño	Peso Neto

Ejemplo de la etiqueta de un producto

 TAREA 3

Una empresa dedicada a la elaboración y envasado de bebidas ha implantado recientemente un nuevo sistema de gestión de la trazabilidad en sus centros de almacenamiento. El objetivo de esta acción es generar la información necesaria para poder relacionar las materias primas empleadas durante el proceso con las operaciones efectuadas, el control de las mezclas y divisiones, el personal que interviene en el mismo, etc.

Detalla las ventajas de registrar y documentar los flujos de información derivados del proceso de preparación de pedidos para el control, la trazabilidad y el abastecimiento de productos en los centros de almacenamiento referidos en el enunciado.

7. Resumen

La preparación de pedidos es probablemente la **actividad que presenta mayor complejidad en un centro de distribución,** además de uno de los factores más determinantes del nivel de servicio a los clientes. Si bien hay diferentes tecnologías y niveles de automatización a utilizar, la preparación de pedidos es la **fase del proceso donde más fácilmente se cometen errores** como consecuencia del grado de manualidad, la calidad del diseño del proceso o el sistema informático aplicado.

Así, la preparación de pedidos o *picking* se define como el **proceso de selección y recogida de las mercancías en sus lugares de almacenamiento y su transporte posterior a zonas de consolidación**, con el fin de realizar la entrega del pedido efectuado por el cliente, por lo que puede decirse que consta de dos actividades básicas: la recogida de cada una de las mercancías solicitadas por el cliente y la consolidación o agrupación de todas ellas en uno o varios embalajes para su correspondiente envío.

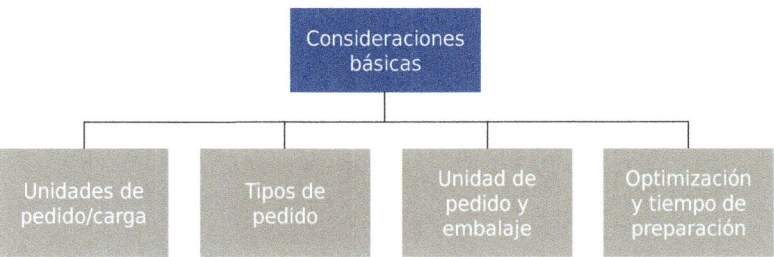

Tradicionalmente, el *picking* se ha realizado de forma manual, siendo el operario quien se desplazaba hasta el almacén a recoger el producto; sin embargo, **en la actualidad se tiende cada vez más hacia la automatización total de este proceso** mediante sistemas mecánicos que permiten que sean los productos los que se desplacen desde su ubicación dentro del el almacén hasta la zona en la que el operario desarrolle su trabajo.

Sea cual sea el tamaño de almacén, el tipo y volumen del sistema almacenado o el control de *stock,* el factor más importante a cumplir en la selección de la mejora de un almacén es el **posicionamiento de los productos y el flujo de la información y la documentación.** Estos documentos deben contener información clara y concisa con el fin de que el operador sea rápido a la hora de interpretarlo. Y es que cuanto menos tiempo se pierda en la lectura del documento, menor será el tiempo dedicado a la actividad, obteniendo de esta manera un mejor rendimiento por parte del trabajador.

Asimismo, los pedidos deben contener siempre una **documentación básica** que garantice un control exhaustivo de los mismos. Esta documentación se completa con resguardos y albaranes que permiten demostrar tanto la conformidad por parte del cliente como la recepción y cobro de los artículos.

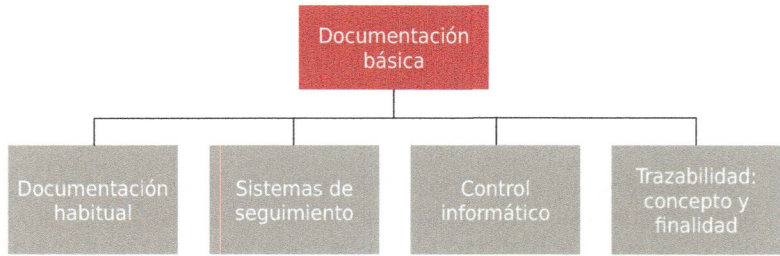

Ejercicios de autoevaluación
Unidad de Aprendizaje 1

1. De las siguientes frases, indica cuál es verdadera o falsa.

    a. Los sistemas SGA de gestión de almacén no tienen mucha utilidad en la actualidad.

- ■ Verdadero
- ■ Falso

    b. Se conoce al acto de la preparación de pedidos con el nombre de *picking*.

- ■ Verdadero
- ■ Falso

2. Existen estanterías fijas o móviles de tipo...

    a. ... autoportantes.
    b. ... dinámicas.
    c. ... de carrusel vertical.
    d. Todas las opciones son correctas.

3. De las siguientes frases, indica cuál es verdadera o falsa.

    a. Los códigos de barras son compuestos por una serie de barras dispuestas de manera vertical, y una serie de números inferiores. Este código permite una rápida identificación gracias al uso de lectores láser o pistolas de código de barras.

- ■ Verdadero
- ■ Falso

    b. Se aconseja, para optimizar la velocidad y calidad de los pedidos, tener bastante claras y ordenadas las zonas donde encontrar cada mercancía en el almacén.

- ■ Verdadero
- ■ Falso

4. No se deben almacenar juntos...

    a. ... productos de una misma familia o gama.
    b. ... artículos similares pero de la competencia.
    c. ... productos alimenticios y tóxicos.
    d. ... productos con distinta fecha de caducidad.

5. ¿Qué es una unidad de pedido?

    a. Cuando alguien hace solo un pedido.
    b. Todos esos artículos que sean o no del mismo pedido se unen para formar un contenedor más amplio para su transporte.
    c. Los pedidos que son de solo un artículo.
    d. Un producto o conjunto de productos que se dirigen a un cliente concreto y se empaquetan conjuntamente.

6. Enumera al menos cuatro posibles materiales de embalaje.

_____
_____

7. De las siguientes frases, indica cuál es verdadera o falsa.

    a. El embalaje secundario es el que se encuentra en contacto directo con el producto.

        ■ Verdadero
        ■ Falso

    b. Un sistema ERP es una herramienta de control y plan de procesos para todos los departamentos de la empresa, sirve como sistema de gestión de base de datos tanto de jefatura, contabilidad y administración como de producción.

        ■ Verdadero
        ■ Falso

8. Las siglas SGA responden a...

    a. ... Servicio de Gestión de Artículos.
    b. ... Solo se Gestionan Armarios.

c. ... Sistema de Gestión de Almacén.

d. ... Sistema de Gestión de Artículos.

9. Según la rotación de tipo ABC...

a. ... los artículos más vendidos suponen el 80 % de las existencias y el resto el 20 %.

b. ... los artículos menos vendidos se pondrán más cerca de la zona de carga.

c. ... los artículos más vendidos se pondrán más lejos de la zona de carga.

d. Todas las opciones son incorrectas.

10. Ordena las fases en la verificación de los pedidos.

a. Comprobación de recepción de información por parte de los operarios

b. Verificación del cobro

c. Verificación de crédito por parte del cliente

d. Comprobación previa de las existencias

e. Verificación del pedido antes del envío

Sistemas y equipos en la preparación de pedidos

Contenido

Objetivos

El objetivo específico de esta Unidad de Aprendizaje es:

→ Realizar distintos tipos de preparación de pedidos y su embalaje, tanto de forma manual como con el equipo de embalaje, aplicando los criterios de etiquetado, peso, volumen y visibilidad de los productos o mercancías a partir de diferentes órdenes de pedido.

1. Introducción

Como proceso, la preparación de pedidos siempre ha precisado de equipos para poder ser llevada a cabo de forma correcta. En esta unidad se abordará de manera detallada cuáles de esos equipos gozan de una mayor relevancia, haciendo especial hincapié en el pesaje, ya que en el **sector de la manipulación y el transporte de mercancías,** el peso y el volumen se consideran datos esenciales para determinar costes y portes por diferencias mínimas de milímetros o gramos.

A continuación, se explicarán los diferentes **sistemas y equipos destinados al control del peso y volumen de la mercancía,** así como los señalados en materia de preparación de pedidos.

Para ello, nos basaremos tanto en los equipos de medición y pesaje que el grupo GLM instalará en su nuevo centro de almacenamiento como, en aquellos con los que viene trabajando hasta ahora en sus almacenes.

2. Equipos de pesaje, manipulación y preparación de pedidos

☞ HILO CONDUCTOR

La estructura del nuevo centro de almacenamiento y distribución de la empresa GLM estará formada por un edificio destinado a las operaciones de almacenaje, expedición y preparación de pedidos y otro edificio de gran altura con capacidad de almacenaje de hasta 20.000 paletas. Estas operaciones estarán automatizadas y optimizadas gracias a un *software* de gestión que hará posible la elaboración de un inventario permanente y una trazabilidad total de la mercancía.

Hoy en día, el **control del peso y el tamaño de los artículos antes y después del embalaje de los mismos** representa una acción fundamental para cualquier empresa que se dedique al sector del almacenamiento de productos.

En este sentido, la disposición de equipos de pesaje que faciliten datos relativos al peso exacto del producto o artículo recibido ha acabado por convertirse en algo imprescindible, ya que este puede presentarse envasado, embalado o a granel, haciendo que el peso de la mercancía varíe una vez que se le haya dotado de un nuevo embalaje.

Al hilo de lo anterior, hay que señalar que los equipos de pesaje son muy variados, ya que dependen de las características de los artículos disponibles en los centros de almacenaje, de las dimensiones de la nave de la empresa e, incluso, de las aspiraciones económicas; de este modo, y en base a las altas exigencias desde su concepción, los equipos de pesaje más comunes son los siguientes:

Báscula
compacta

Báscula
especial

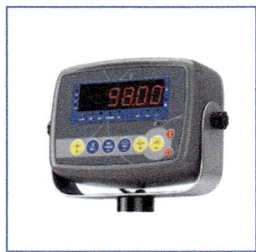

Terminal de dosificación
y formulación

Plataforma
de pesaje

Receptor de cargas
especiales

Equipos de pesaje más comunes

Una vez vistos los equipos de pesaje más comunes en los centros de almacenaje, se debe señalar que en el caso de la manipulación y preparación de los pedidos, dependiendo de la capacidad económica de la empresa, de sus necesidades o de sus características se pueden diferenciar entre diferentes formas de **manipulación y preparación de pedidos:**

Manual
- En la manipulación y preparación manual será el propio **operario el encargado de realizar el *picking* directamente con sus manos,** transportándolo a pie desde su estante o zona hasta el área de empaquetado o embalado.
- En estos casos se tomará como precaución el uso de guantes de nitrilo, de cuero o textiles, además de botas de seguridad con punta de acero y, en ocasiones, casco para evitar golpes o caídas de productos.

Mecánica
- En la manipulación y preparación de pedidos de manera mecánica o informatizada el operario utiliza diferentes medios para **realizar el *picking*.**
- Entre ellos se encuentran: carretilla de mano, transpaleta y carretilla elevadora o apiladora, carretilla elevadora contrapesada, preparadora de pedidos, carretilla retráctil, carretilla trilateral, transelevador, carretilla por radiofrecuencia, tractor de arrastre, cinta de transporte, transportador de rodillos, transportadora aérea de cadena, vía o doble vía, ascensores/montacargas, grúas, estanterías móviles, carruseles horizontales y verticales.

A continuación, vamos a profundizar en cada uno de los medios mecánicos:

⮕ **Carretilla de mano:** las carretillas de mano pueden ser de la más variada tipología y, en función del fabricante, adoptar diferentes formas.
Por lo general, suelen ser metálicas, esto es, de acero, hierro o aluminio. Su estructura se basa en una **plataforma horizontal a ras de suelo con ruedas a cada uno de sus lados y un respaldo metálico compuesto por varias barras,** de las cuales dos se extienden hasta la parte superior para facilitar el control de la dirección por parte del operario.
Aunque la carretilla de mano es uno de los elementos más comunes en la manipulación y preparación mecánica de pedidos, debemos tener presente el uso de otros equipos.

⊃ **Transpaleta y carretilla elevadora o apiladora:** las transpaletas son aquellas herramientas de carga de mercancía que, apoyadas sobre ruedas, **se componen de dos palas en forma de horquilla y un mango con sistema hidráulico** que permite elevar ambas palas, levantando la mercancía a cierta altura sin ningún esfuerzo.

Las carretillas elevadoras son de mayor tamaño y, según el modelo, permiten tener a un operario sentado a los mandos. Con sus **palas puestas en horquilla** y un **sistema eléctrico de elevación** ofrecen la posibilidad de recoger la mercancía o depositarla a una altura determinada.

⊃ **Carretilla elevadora contrapesada:** este tipo de sistema es similar al de la carretilla elevadora o apiladora, con la salvedad de que permite un **mayor peso de carga** y está dotada de un **gran motor ubicado en la parte trasera a modo de contrapeso,** justo al otro lado de la carga.

● **Preparadora de pedidos:** este tipo de maquinaria ofrece al **operario poder situarse de pie sobre una plataforma,** en contacto directo con las palas de recogida de carga, pudiendo al mismo tiempo recoger los pedidos manualmente, recolocar la mercancía sobre las palas y conducir el vehículo.

● **Carretilla retráctil:** esta carretilla resulta muy útil para pasillos estrechos, ya que no se trata de una máquina muy grande; además, permite variar el centro de gravedad de la carga.

La principal ventaja que presenta es que el **sistema de palas se encuentra a un lado de la cabina y no al frente,** por lo que se puede recoger o apilar mercancía lateralmente gracias a sus palas retráctiles sin necesidad de maniobra.

➲ **Carretilla trilateral:** al igual que la carretilla retráctil, este tipo de aparato es muy conveniente en espacios de trabajo reducidos. En este caso **lo que oscila de un lado a otro son las horquillas** o palas de recogida de carga.

➲ **Transelevador:** esta máquina se caracteriza por tener la capacidad de **realizar movimientos de traslación y elevación** a lo largo de los pasillos y estanterías. Por lo tanto, resulta de gran utilidad para los pasillos estrechos, con objeto de aprovechar mejor los denominados espacios muertos. Además, soporta cargas de mercancías muy grandes y su control se lleva a cabo a través del ordenador o por medio de un mando a distancia. Como **ventaja** cabe destacar su capacidad de extracción de mercancía a diferentes alturas, así como su transporte; sin embargo, presenta el **inconveniente** de necesitar raíles para su desplazamiento horizontal y vertical.

⊃ **Carretilla por radiofrecuencia:** en cuanto a su forma estas carretillas no son muy diferentes de las carretillas elevadoras o apiladoras, sin embargo, presentan el hecho de que pueden ser **manejadas a distancia** por medio de un mando o por identificación de posición. En este caso, el recorrido que deben realizar ha sido memorizado por un ordenador y la lectura de la distancia de la mercancía a recoger se logra mediante el uso de un detector, generalmente, láser.

⊃ **Tractor de arrastre:** los tractores de arrastre son equipos útiles para el **transporte horizontal de mercancía.** Los hay de muchos tipos: desde tractores de mano, similares a las transpaletas en su forma y uso, a modelos eléctricos o mecánicos.

⊃ **Cinta de transporte:** ideada para el manipulado de la mercancía, este tipo de máquina está constituida por una **plataforma horizontal deslizante basada en un sistema de banda** sin fin, por lo general, de goma; de esta forma, se permite el desplazamiento de la carga sobre la goma de un lateral al otro, facilitando así el movimiento horizontal de la mercancía.

- ⮑ **Transportador de rodillos:** similar a la cinta de transporte, este sistema permite el **desplazamiento horizontal de los objetos sobre un sistema de rodillos y rodamientos** separados a la misma distancia entre sí; de este modo, ya sea por tracción manual o mecánica, se puede transportar mercancía a lo largo de toda su longitud.

- ⮑ **Transportadora aérea de cadena, vía o doble:** este tipo de transporte horizontal de mercancía presenta una doble función: transportar mercancía de un lado a otro y, a la vez, elevar o descender verticalmente tales productos. Estos sistemas se denominan **aéreos** porque su **motor tractor se encuentra a cierta altura,** generalmente, muy cercano al techo de la nave.

Según su tecnología, el cabezal donde reposa la grúa que cargará la mercancía puede ir sobre una o dos vías o raíles anclados al techo o bien desplazarse sobre cadenas.

- **Ascensores/montacargas:** como su nombre indica, estos equipos son los encargados de subir o bajar la mercancía a nivel vertical. Normalmente están fijos, por lo que son útiles cuando el almacén dispone de varias plantas; sin embargo, no lo resultan tanto cuando se emplean como elevadores de mercancía para su colocación en estantes, ya que su movimiento lateral es nulo.

- **Grúas:** las grúas son de uso generalizado, sobre todo, en almacenes al exterior como por ejemplo las dársenas de los barcos.

⊃ **Estanterías móviles:** las estanterías móviles se caracterizan básicamente por el movimiento horizontal. Su uso está muy generalizado como método de seguridad para preservar mercancía de lujo; sin embargo, **no son aptas para un almacén de mercancía en constante movimiento.**

⊃ **Carruseles horizontales y verticales:** al contrario que las estanterías móviles, estos equipos son **muy aptos para almacenes en los que la salida de los productos situados en estantes es continua.** Además, suele ser un sistema de coste elevado y ocupa cierto espacio.
En estos carruseles es posible acceder a todos los artículos de un mismo estante desde una misma posición, ya que dichos estantes son cintas transportadoras que por medio de un circuito cerrado desplazan la mercancía de izquierda a derecha (horizontales) o mediante un sistema similar a las norias de atracción de feria (verticales).

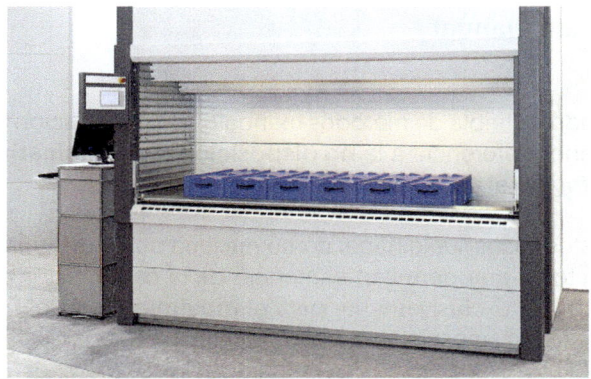

 ACTIVIDAD COMPLEMENTARIA

3. Busca ejemplos de mercancías en la red y relaciónalas con el equipo de manipulación y preparación de pedidos que consideres más adecuado en función de las características que presenten las mismas.

- -

3. Métodos habituales de preparación de pedidos

Una vez tratados los equipos de pesaje, manipulación y preparación de pedidos, se desglosarán ampliamente los **métodos internos** de este proceso, esto es, la acción laboral de los operarios en función de la maquinaria de la que dispongan en cada caso:

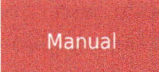

| Manual | Semiautomático | Automático | Picking por voz |

3.1. Método manual

Cuando se habla de métodos manuales de preparación de pedidos, se está haciendo referencia a la **no disposición de maquinaria para el control y** *picking* **en el almacén.**

En estos casos suele haber como máximo una o dos transpaletas manuales o tractores que permiten el manejo de la carga. Estos equipos suelen utilizarse casi exclusivamente para el **movimiento de carga paletizada** o, lo que es lo mismo, cuando se reciben las unidades de carga del proveedor, cuando las unidades se han embalado de ese modo para entregar al cliente o enviar a transporte.

 **DEFINICIÓN**

Palé
Plataforma o bandeja de carga sobre la que se adecuarán los artículos. Generalmente de madera, se constituye como una estructura de tablas aguantadas y unidas en cinco puntos, sus laterales y centro, y parte superior e inferior.

El resto de procedimientos se llevará a cabo de forma manual, esto es, los operarios irán caminando entre los pasillos, recogiendo con sus manos los productos para trasladarlos a la zona de manipulado o embalaje. En este sentido, las estanterías no son excesivamente altas, con el fin de que los operarios puedan alcanzar los artículos de los estantes más altos sin problemas.

El uso de estos métodos permite a las empresas reducir tanto los espacios entre sus estanterías como la anchura de sus pasillos, ya que no será necesario que las máquinas circulen a través de ellos. En este caso, el operario se sirve de un **pedido o parte de trabajo impreso** para buscar los artículos en sus respectivas zonas y llevarlos al Departamento de Embalaje o manipulación de artículos antes de su entrega.

ACTIVIDAD COMPLEMENTARIA

4. Lee atentamente la cita que aparece a continuación y reflexiona sobre cómo de rentable puede llegar a ser un sistema manual de preparación de pedidos. Además, localiza a través de la red tres imágenes en las que se aprecien métodos manuales de preparación en diversos almacenes.

"En almacenes donde se utilizan sistemas manuales, la preparación de pedidos es la tarea que más tiempo requiere, mientras que en almacenes con sistemas automáticos es la tarea económicamente más costosa".

- -

3.2. Método semiautomático

HILO CONDUCTOR

Ante la falta de confirmación de datos relativos al flujo de entradas y salidas del nuevo centro de almacenaje, la directiva de GLM está sopesando la posibilidad de implantar un modelo semiautomático de preparación de pedidos en dicha superficie.

- -

Una vez visto el modelo manual de preparación de pedidos, pasamos a tratar el conocido como **método semiautomático.**

Es frecuente que en las empresas dedicadas al almacenaje de mercancías el operario tenga a su disposición herramientas manuales y semiautomáticas. Se dice que un almacén es semiautomático cuando se informatiza la gestión de las operaciones manuales. Además, estos almacenes son apropiados para aquellas instalaciones que presentan un número limitado de referencias y un flujo de entradas y de salidas relativamente bajo.

En la mayoría de los almacenes suele trabajarse con mercancía de todo tipo, desde los pequeños artículos envasados a la mercancía a granel o contenedores de enormes dimensiones. Así, se realizan diferentes tipos de **agrupaciones:**

Paletización	Unitarización
- Agrupación de los productos y/o mercancías dentro de sus respectivos sistemas de empaque y/o embalaje, debidamente asegurados y montados.	- Agrupación de los palés o contenedores.

Este hecho conlleva la **zonificación de los espacios,** de ahí que se adapten ciertas zonas a productos paletizados que reposarán sobre el suelo en disposición vertical, a la disposición de estanterías con lineales dedicados a productos de menor tamaño, a tareas de embalaje e, incluso, a materiales altamente tóxicos. Para ello, habrá que servirse de procedimientos semiautomáticos.

Por otra parte, en los **procedimientos manuales el uso del papel es casi obligatorio** para que el operario pueda dirigirse directamente a las zonas del almacén donde se encuentren los artículos para su retirada, pero no así en los procedimientos semiautomáticos.

Las empresas que suelen optar por un sistema semiautomático de preparación de pedidos pueden barajar la entrega de partes o pedidos en papel, aunque normalmente se apoyan en los **sistemas SGA y/o ERP.**

 **RECUERDA**

La implantación de este tipo de sistemas de gestión y control de almacenes está logrando una reducción de tiempo en las entregas, una mejor comunicación entre los departamentos y, por supuesto, una minimización de costes y errores.

Las empresas que se considera que ejercen **métodos semiautomáticos en la preparación de pedidos** pueden optar o no por este tipo de ayudas informáticas, pero lo que es seguro es que utilizan equipos de manipulación de pedidos que se adaptan a estas características como carretillas elevadoras, apiladoras, retráctiles, trilaterales, tractores de arrastre, además de otros métodos semiautomáticos como cintas o rodillos transportadores, transportadores aéreos, estanterías móviles, grúas y montacargas;

en definitiva, **equipos de manipulación y preparación de pedidos** que has visto anteriormente.

Todos estos sistemas y equipos facilitan tanto el *picking* como el manipulado y embalaje de productos, pero con la necesidad del manejo por parte de diferentes operarios fijos o itinerantes para que estos funcionen.

Picking list y *pick to light*

Dentro de los métodos habituales de carácter semiautomático de preparación de pedidos destacan fundamentalmente dos tipos: el **picking list** y el **pick to light.**

El **picking list** puede definirse como un **método semiautomático de preparación de pedidos sustentado, al menos, en el uso del sistema SGA.** Para su correcta implantación es preciso que se cumplan como mínimo dos factores: uno de ellos es que el operario disponga de un **terminal móvil con teclado y pantalla** para la recepción de los partes de trabajo y pedidos o acceso a un ordenador con su clave personal. El otro factor es que desde el otro lado de la línea **se hayan programado las órdenes de trabajo** y se continúen actualizando en tiempo real desde los Departamentos de Dirección, Organización o Administración.

Este pedido desaparecerá una vez que el trabajador lo catalogue como finalizado; de esta manera, el artículo o artículos retirados desaparecerán del inventario *online.* Este hecho será notificado simultáneamente al Departamento de Logística, Administración y Compras de la empresa.

El segundo de los sistemas semiautomáticos a destacar es el **pick to light** o **Sistema de Recolección de Pedidos.** En este procedimiento, el sistema guía visualmente al operario hacia las ubicaciones exactas del almacén donde recoger los artículos del pedido. Además, puede eliminarse el terminal personal de cada individuo, así como el uso del papel.

En estos sistemas tan solo resultan esenciales dos elementos: el control SGA o ERP desde un ordenador en concreto y unas nuevas terminales de pantallas lumínicas o una bombilla de luz en cada sección de estantería.

Este sistema puede funcionar de diversas formas, desde la más básica a la más completa y compleja. En los **sistemas más básicos** solo se iluminará un piloto o una bombilla con una luz de color verde o roja, de manera que **el operario se dirigirá a aquellas zonas iluminadas a retirar la cantidad de artículos indicada** para cada sección en el parte de trabajo señalado por el sistema SGA o ERP, apagándolas para que el ordenador haga el recuento.

Sin embargo, en los **sistemas más completos,** cuando el operario activa el pedido gracias a los sistemas SGA o ERP, en las secciones de estantería se iluminarán **luces en una pantalla con forma alfanumérica que indicarán el número de pedido y la cantidad de artículos** a retirar de ese estante en concreto. Una vez que el operario ha retirado de manera manual o semiautomática las cantidades necesarias, solamente habrá que pulsar un botón para que estas pantallas se apaguen a la vez que el ordenador recibe la señal y tacha dichos artículos del pedido, haciendo así que desaparezcan del almacén *online.*

La conclusión es que tanto un sistema como otro no requieren de un personal altamente cualificado, ya que solo deberán seguir las luces y apagarlas en cuanto se hayan retirado las cantidades.

© Fotografía: Unique Vision / Shutterstock.com

 ACTIVIDAD COMPLEMENTARIA

5. Reflexiona sobre la implantación del método *pick to light* y averigua las razones que justifican la posibilidad de implantar o no este sistema en un almacén de grandes dimensiones.

3.3. Método automático

La **tendencia actual de los procesos de fabricación** hacia lotes pequeños junto con la gran variedad de componentes que deben estar disponibles en cada momento en las líneas de producción, montaje o muelles de expedición justifican sobradamente la necesidad de los sistemas automáticos de almacenamiento.

Este sistema se basa en el **principio de la mercancía al hombre** por el que el producto, integrado en una unidad de carga, se pone a disposición del operario correspondiente. La mercancía se transporta mediante **transelevadores y** *miniloads* desde las estanterías a los puestos de cabecera, donde se preparan los pedidos, o continúa hacia su destino final por medio de sistemas de manutención.

 **IMPORTANTE**

En estos casos sí se hace indispensable el uso de los sistemas SGA y ERP, ya que serán ellos los que controlen el trabajo de preparación de pedidos.

En los almacenes automáticos el **volumen de empleados** se reduce en la mayoría de los casos a un responsable de dirección y planificación, un encargado de la administración y la contabilidad y un equipo humano de dos personas para controlar el funcionamiento de las máquinas, su mantenimiento y algunas tareas de *picking*.

En este sentido, los componentes básicos de un almacén automático son los siguientes:

Almacén automático

Sistema de
movimiento
de cajas

Unidad
de carga

Software
de control

Sistema de
preparación
de pedidos

Software
de control

3.4. *Picking* por voz

El último de los métodos habituales de preparación de pedidos es el del *picking* por voz. Similar a los métodos manual y semiautomático, **este sistema se caracteriza por usar la voz para la comunicación entre los distintos departamentos.** En este caso, la comunicación de los cambios en los pedidos, de la falta de existencias, de la urgencia de los mismos o de la finalización de un encargo se realiza en tiempo real a través de la voz.

Cada operario lleva **un terminal dotado de micrófono y auricular,** lo que le permite dejar ambas manos libres en todo momento para manipular los artículos sin tener que detener su trabajo mientras notifica cualquier cambio.

Como **inconveniente** destaca que si no se registran los cambios sugeridos por voz sobre papel o en programas informáticos como los ERP o SGA, **no quedará constancia de lo ocurrido en caso de errores** en los pedidos.

SABÍAS QUE...

También se considera un método de *picking* por voz cuando se emplea el *walkie talkie* o el teléfono móvil para comunicar los pedidos; sin embargo, en estos casos el inconveniente vuelve a ser el mismo que en los métodos anteriores: una mano estará ocupada por el terminal de voz, por lo que el operario tendrá que detenerse casi con toda seguridad para atender la llamada.

Al permitir trabajar en modo manos libres, este sistema ha comenzado a gozar de cierta aceptación en el entorno de la industria alimentaria para el *picking* en áreas refrigeradas, aunque el **coste** y la **necesidad de integración han limitado su uso.** No obstante, los precios de las terminales de voz han descendido, de modo que ya son algunos los sistemas **WMS** de gestión de almacenes que cuentan con interfaces estándar para voz, reduciendo así el coste y el esfuerzo de integración.

DEFINICIÓN

WMS
Es una aplicación de *software* que da soporte a las operaciones diarias de un almacén y permite la gestión centralizada de tareas, como el seguimiento de los niveles de inventario o la ubicación de existencias.

El terminal de *picking* por voz ofrece agilidad y mayor rendimiento en la preparación de pedidos.

Asimismo, destaca la importancia de la fase de **agrupación o consolidación de la mercancía.** Y es que, dependiendo del procedimiento de generación de pedidos, así como de la configuración del sistema de distribución, será necesario establecer un sistema para agrupar los pedidos en base a las rutas de distribución o bien a los pedidos de un mismo cliente.

 **PARA SABER MÁS**

Accede al siguiente enlace para visualizar un vídeo sobre una empresa en la que se incorpora el *picking* por voz en todas las fases del proceso de trabajo:

https://redirectoronline.com/mf13260103

4. Sistemas de pesaje y optimización del pedido

En el sector de la logística y almacén disponer de sistemas de pesaje que faciliten datos referentes al peso exacto del artículo o producto recibido o listo para su envío es algo que resulta imprescindible. En este sentido conviene saber que tanto el peso como el tamaño de un pedido embalado o paquete pueden **determinar portes y costes por una diferencia mínima** de gramos o, en el caso del volumen, de milímetros.

Por ello, se pretende **lograr una completa optimización del pedido** y para evitar sorpresas los centros de almacenaje suelen dotarse de equipos destinados tanto al pesaje como a la medición de pedidos. A continuación, profundizaremos en los diferentes **modelos y tipos de equipos para el pesaje y medición de la mercancía**.

Sistema integrado de medición de volumen y pesaje (© Fotografía: Pavel Shlykov / Shutterstock.com

4.1. Equipos utilizados en el pesaje y medición de pedidos

Como en todo lo referente a la maquinaria, los equipos utilizados habitualmente en el pesaje y la medición de los pedidos presentan diferentes **características en función de su tecnología, tamaño o finalidad** para la que hayan sido ideados por el fabricante.

NOTA

Según su función o capital, las empresas podrán disponer de un tipo de máquina u otra. Como es obvio, una pequeña empresa de paquetería en la que el tránsito de mercancía es de artículos de dimensiones reducidas no necesitará de equipos de pesaje fabricados para soportar cargas excesivas, ya que el coste y mantenimiento de este tipo de equipos es mucho mayor y el uso que se le daría en una empresa de esas características sería prácticamente nulo.

Pesaje de pedidos

A continuación, se mostrará brevemente la caracterización de los **equipos más utilizados en el pesaje de productos** en las empresas dedicadas a la logística, almacén y distribución de mercancía:

⊃ **Báscula compacta:** esta báscula está compuesta por una plataforma de pesaje sobre la que se colocará el artículo y un indicador del peso, ya sea una aguja indicadora de cantidades en los sistemas tradicionales o una pantalla LCD en los modelos modernos más precisos.

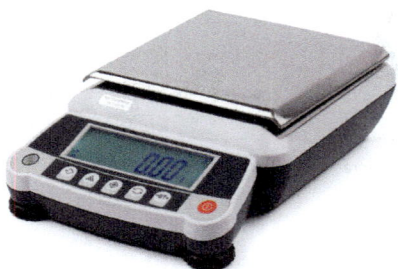

⊃ **Báscula cuentapiezas:** la balanza cuentapiezas es una balanza diseñada para operaciones rápidas y exactas, adaptada para realizar aplicaciones de recuento, suministros de piezas. Se pueden alquilar para inventarios anuales u otras actividades relacionadas con el recuento.

➲ **Báscula de piso:** la báscula de piso está diseñada para cumplir con un amplio rango de necesidades de pesaje industrial, ofreciendo un pesaje confiable para los usuarios que exigen un desempeño comprobado en dosificación, conteo y otras operaciones.

➲ **Báscula pesapalés:** este tipo de báscula es verificable y está pensada para el uso móvil. Los datos de pesado pueden leerse fácilmente en la pantalla externa. Además del procesamiento digital de los datos, permite imprimirlos directamente y pegar la etiqueta sobre el material pesado, pudiendo ser fija o integrada.

➲ **Terminal de dosificación y formulación:** este equipo de pesaje suele utilizarse cuando se pretende mezclar contenido dentro de un mismo tipo de paquete o embalaje. Por lo general, se usa cuando la mercancía se almacena a granel. Consta de varios contenedores que mediante una apertura en su parte inferior dejan pasar una cantidad exacta y predeterminada de contenido.

➲ **Plataforma de pesaje:** esta terminal de pesaje es una plataforma generalmente metálica que se encuentra empotrada en el suelo para recibir la carga de mercancías pesadas. Suele presentar diferentes tamaños y tipos en función de la carga máxima que pueda cifrar.

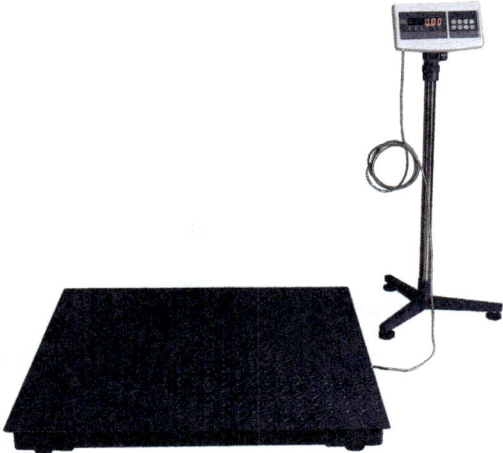

⊃ **Receptores de cargas especiales:** estos receptores están preparados para las características de determinadas cargas especiales, entre las cuales se encuentran aquellas que se consideran extrapesadas, como vigas de acero o pilares de hormigón prefabricados para la construcción, o los mástiles de telecabinas y molinos de viento para la energía eólica.

Medición de pedidos

Una vez caracterizados los principales equipos de pesaje, se describen los **aparatos de medición de productos** más frecuentemente utilizados en las empresas dedicadas a la logística, almacén y distribución de mercancía:

- **Gramil:** también conocido como calibre de altitud, este aparato se compone básicamente de una base plana y un mástil calibrado en milímetros y centímetros sobre el cual se apoya una estructura plana con un largo saliente que se situará en la parte superior del objeto, determinando la altura exacta con una capacidad limitada.

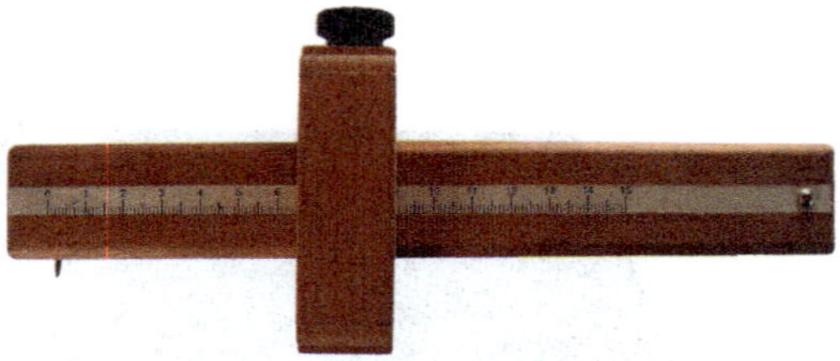

- **Metro:** es el aparato de medición más extendido y usado históricamente. Ya sea en su forma extensible, en cintas o en reglas, este indica en su superficie plana la medición de los objetos en milímetros y centímetros.

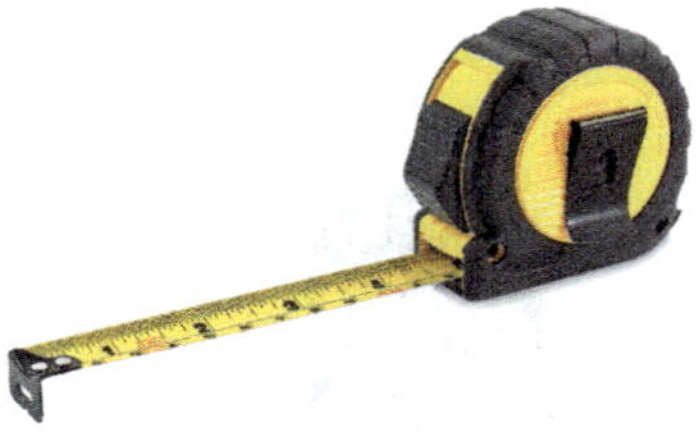

- **Pie de rey:** este tipo de aparato de medición resulta muy útil para cifrar con precisión elementos de pequeño tamaño como, por ejemplo, tornillos, remaches, tuercas, etc. Sirve para tomar medidas exteriores, interiores y de profundidad.

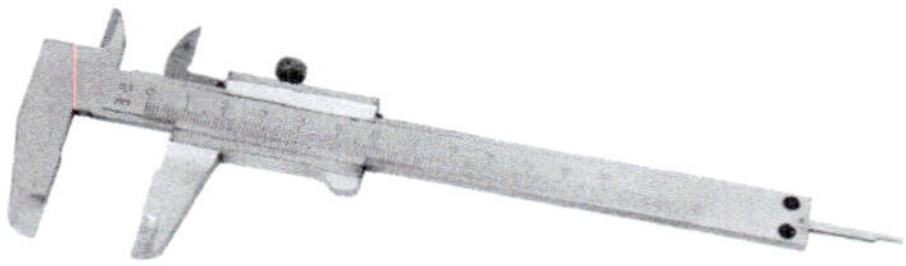

- **Pie de tornero:** es similar al anterior pero, en este caso, la distancia que marca tiene relación con medidas cilíndricas señalándolas en calidad de diámetros exteriores o interiores.

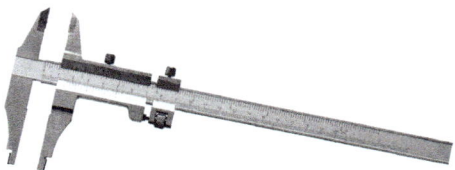

⮩ **Calibre de profundidad:** este aparato de medición permite calcular la profundidad de hendiduras y cavidades. Actualmente, los hay electrónicos con un sistema láser que envía y recibe una señal lumínica, cifrando en una pantalla de LCD.

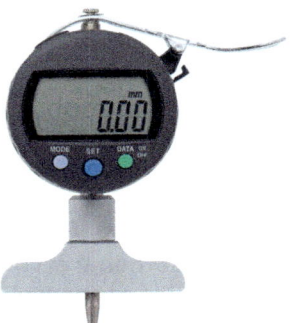

⮩ **Micrómetro:** muy útil para medidas de precisión del exterior o interior de piezas muy pequeñas cifradas en centésimas o milésimas de milímetro, este aparato se caracteriza por un brazo en forma de hoz móvil, girado por un mango rotatorio con topes plastificados para no dañar la pieza.

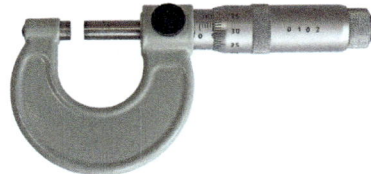

⮩ **Puntero láser:** en los últimos tiempos, el láser se ha incorporado como un elemento de medición muy fiable y cada vez más utilizado. Puede emplearse a modo de metro, colocando la mercancía de gran volumen en ángulo recto con una pared y desde el otro lado de esta apuntar hacia ella con el láser.

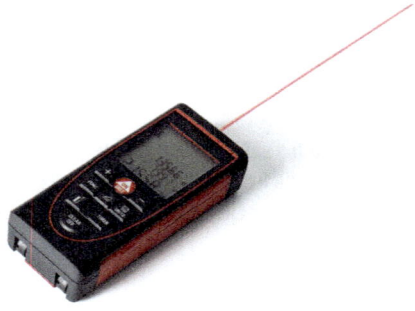

4.2. Unidades de volumen y de peso. Interpretación

Cuando hablamos del tamaño de un almacén hacemos referencia al volumen general de la instalación en función de las tres dimensiones correspondientes. En este sentido, **determinar el volumen necesario en un almacén es una tarea compleja** debido a la multiplicidad de factores que inciden en la decisión del tamaño (volúmenes actuales y previstos en cuanto a referencias, tipología de artículos por sus condiciones de almacenamiento, esto es, peso, volumen, temperatura requerida, trazabilidad, etc.).

El primero de los pasos a tener en cuenta en el diseño o la gestión de un sistema logístico es **conocer el tipo de producto que vamos a mover.** Aunque son muchas las características a tener en cuenta a la hora de clasificar la mercancía, en esta ocasión vamos a centrarnos únicamente en dos de ellas: el **volumen y el peso.**

Así, según el volumen o las dimensiones podemos distinguir:

- ⊃ **Cargas pequeñas:** son las que podemos coger con una sola mano.
- ⊃ **Cargas medianas:** presentan un tamaño algo mayor que las pequeñas, llegando hasta un peso de 10 kg. También se pueden manipular con las manos.
- ⊃ **Cargas paletizadas:** son aquellas cuya preparación se realiza sobre palé, paleta-caja o cestón. Su manipulación se lleva a cabo con medios mecánicos.

○ **Cargas voluminosas:** se asemejan a las cargas paletizadas, pero el volumen forma parte de las características del producto, no pudiendo apilarse una sobre otra.

○ **Cargas muy voluminosas:** son las que por agrupación de muchas mercancías presentan un volumen de grandes dimensiones. Para manipularlas es preciso el empleo de medios mecánicos especiales.

○ **Cargas de dimensiones especiales:** son elementos de dimensiones excesivamente grandes, que necesitan medios especiales de transporte o son transportados bajo normas de señalización y acompañados de un vehículo.

Por otro lado, en función de su peso nos podemos encontrar:

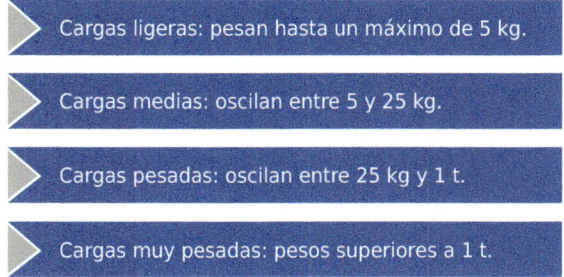

Cargas ligeras: pesan hasta un máximo de 5 kg.

Cargas medias: oscilan entre 5 y 25 kg.

Cargas pesadas: oscilan entre 25 kg y 1 t.

Cargas muy pesadas: pesos superiores a 1 t.

En logística, la volumetría se refiere al **volumen de los objetos o de la carga, y se entiende como el volumen calculado a partir de las dimensiones máximas** (largo por ancho por alto) **de un objeto,** ya sea regular como, por ejemplo, un cubo o una caja, o irregular como una botella o una cubeta; de esta forma, el volumen calculado tanto para una caja como para un cilindro siempre será el de una forma cúbica conformada por las dimensiones máximas: largo máximo por ancho máximo por alto máximo, independientemente de la forma que la figura presente.

Volumetría y optimización del embalaje

En esta línea, las **características de peso y volumen de las cargas** adquieren gran relevancia durante el transporte de las mercancías, ya que son **las magnitudes que se comparan con las capacidades de peso y volumen de los medios de transporte** con el fin de determinar la cantidad de carga a transportar.

Así pues, **en el transporte las características de peso se miden en toneladas métricas y las de volumen en metros cúbicos;** sin embargo, se debe prestar atención a los transportes internacionales, pues en determinados países no es habitual el uso del sistema métrico decimal.

 **EJEMPLO**

Hay países como Inglaterra o Estados Unidos y otros territorios de cultura anglosajona donde las características de peso se miden en toneladas largas y las de volumen en pies cúbicos.

5. Consideración de técnicas y factores de carga y estiba en las unidades de pedido

El índice que relaciona las características de peso y volumen se denomina **factor de estiba.**

Desde un punto de vista más preciso, el factor de estiba se define como la **cantidad de metros cúbicos que ocupa una tonelada de carga** en un medio de transporte, en un medio unitarizador o, incluso, en un almacén. Este índice es fundamental para calcular la cantidad de carga a estibar en los espacios destinados a ello, así como para la determinación de la tasa de **flete** a aplicar.

 **DEFINICIÓN**

Medio unitarizador

Dispositivo que sirve de soporte para consolidar la carga unitaria, agrupándola mediante un accesorio que puede manipularse, almacenarse y transportarse en un medio de transporte como una unidad de carga independiente.

Flete

Término utilizado para designar el coste del transporte de las mercancías, ya sea por tierra, mar o aire. También se utiliza para referirse a la mercancía transportada.

- -

La correcta selección del embalaje y los medios unitarizadores supone el punto de partida al diseñar una cadena de transporte; de hecho, su operación repercutirá favorablemente en el aseguramiento de la integridad de las cargas, disminuyendo la probabilidad de que se produzcan averías en la manipulación y almacenamiento de las mismas.

5.1. Factores operativos en el transporte de la mercancía: carga y estiba

Existen una serie de **factores a considerar a la hora de elegir el medio de transporte de la mercancía,** teniendo en cuenta que, además de la carga y la estiba, existen otras tres operaciones vinculadas al transporte de la misma: el **transporte en sí mismo (navegación),** la **desestiba** y la **descarga.**

Entre los medios de transporte utilizados para la carga y estiba de la mercancía se encuentran los siguientes:

Transporte aéreo
- Este medio destaca por ofrecer, entre otros aspectos, mejor servicio al cliente por la rapidez de la entrega, renovación constante de *stocks*, mayor seguridad en los plazos de entrega y un incremento de la vida comercial útil de los productos perecederos.

Continúa en página siguiente >>

<< Viene de página anterior

Transporte por carretera
- Simplicidad, versatilidad y flexibilidad son solo algunos de los rasgos característicos de un medio que permite transportar cualquier tipo de mercadería.

Transporte fluvial
- Además de lento y seguro, resulta un transporte económico para grandes volúmenes de mercancía.

Transporte multimodal
- El transporte multimodal describe el traslado de mercancías desde su origen hasta su destino, combinando distintos medios de transporte. Es consecuencia de los avances tecnológicos en el transporte internacional, principalmente, por el empleo de palés y contenedores o vehículos cerrados, susceptibles de ser transbordados de un medio de transporte a otro sin necesidad de llevar a cabo la manipulación de la mercancía.

Transporte ferroviario
- El transporte por tren resulta adecuado para grandes envíos a mercados limítrofes. Este medio permite transportar gran variedad de tipos de mercancía, ofreciendo un bajo índice de siniestralidad y facilidad de seguimiento de la carga.

Transporte marítimo
- Por su capacidad es el que mueve el mayor volumen de mercancías en el tráfico internacional. Es prácticamente el único medio económico para el transporte de mercancías entre puntos estratégicamente distantes.

 ## ACTIVIDAD 1

6. Realiza una búsqueda de información en la red y localiza un plano de estiba con los datos de volumen y peso de los contenedores y preparación previa de las bodegas de un barco.

5.2. Distribución de cargas y aprovechamiento del espacio

Para la correcta realización de las **tareas de carga y estiba es necesario tener en cuenta ciertas leyes y normas universales de obligado cumplimiento,** ya que no todas las distribuciones de cargas y aprovechamiento del espacio son válidas. Para ello, hay que ceñirse primero a las normas establecidas y ser consciente de cómo ha de distribuirse la carga.

A lo largo de la historia se han realizado numerosos estudios que cumplían con el objetivo de fijar **medidas de seguridad para la estiba y distribución de las cargas** para, por ejemplo, evitar hundimientos en el transporte marítimo de mercancías. Gracias a estos estudios se han ido descubriendo aspectos a tener en cuenta como el tipo de actuación en función de la estación del año o las corrientes y posibles tempestades que pueden producirse en uno u otro océano.

Además, y en estrecha relación con la distribución de cargas, dichos estudios reflejaban las **posiciones adecuadas para zonificar la mercancía,** garantizando el eje central para evitar desplazamientos laterales de las embarcaciones que acababan derivando en hundimientos o inundaciones.

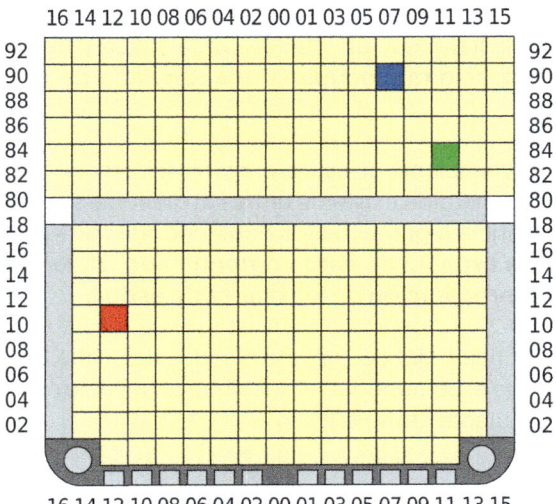

Aunque el sistema ilustrado es el más utilizado en lo que a planos de estiba se refiere, existen otros sistemas con coordenadas numéricas en distinto orden.

Hay que tener en cuenta las **características de la mercancía,** que también pueden definir la **distribución de cargas y el aprovechamiento,** ya que existen unas zonas de seguridad y distancia entre mercancías para ciertos elementos como los productos tóxicos o aquellos que pueden tener como destino diferentes puertos.

Por último, conviene resaltar el hecho de que una **mala distribución de la carga** puede conllevar daños o perjuicios mayores para el futuro del propio barco, ya que en el caso de travesías largas y cargas muy pesadas pueden producirse deformaciones en el casco de la embarcación.

5.3. Interpretación y aplicación del coeficiente de estiba a la preparación de pedidos

Un estudio para el control de las cargas de la mercancía en condiciones de seguridad debe basarse en las condiciones antes indicadas, así como en el respeto del **coeficiente o factor de estiba.**

La interpretación y aplicación del **factor de estiba a la preparación de pedidos** se realiza a través de una fórmula que define como **coeficiente de estiba** a la relación entre el volumen y el peso de un determinado producto. Este factor resulta muy útil para la carga sólida y permite calcular el **volumen del espacio que ocuparía una tonelada de mercancía en metros cúbicos.**

Además, el coeficiente de estiba presenta la característica de que incluye en su fórmula la pérdida existente entre los diferentes bultos o entre los granos en la mercancía a granel de los contenedores; de esta manera, es posible **calcular un espacio de carga determinado,** al tiempo que **se facilita el trabajo de preparación de los planes de estiba.**

Para la obtención del coeficiente o factor de estiba tenemos que dividir el volumen que el contenedor ocupa entre el peso de este, tal y como se aprecia en la siguiente fórmula:

$$Fe = Volumen / Peso$$

SABÍAS QUE...

En la mercancía para estiba, sobre todo a granel, se calculan las densidades en lo que se conoce como **peso muerto,** reflejado por las siglas **Tm.** Otra forma de averiguar el factor de estiba es a partir de la fórmula **Fe = m³/Tm.**

5.4. Mercancía a granel

La mercancía a granel es aquella que se transporta de un punto a otro sin la necesidad de estar empaquetada o embalada; de esta forma, la **carga a granel** se define como **aquella que se transporta en abundancia y sin ningún tipo de embalaje,** estibándola directamente en la bodega de los buques en grandes compartimentos acondicionados para tal fin.

En este sentido, las cantidades de las mercancías transportadas no se miden por bultos, unidades o contenedores, sino por **unidades de masa o volumen,** esto es, por toneladas o metros cúbicos.

Según su estado, la mercancía a granel puede incluir los siguientes productos:

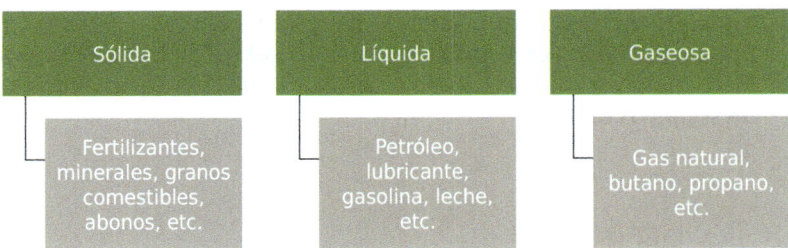

Como ya has visto, la mercancía a granel no se encuentra embalada o empaquetada, por lo que el medio de transporte representa a la vez el recipiente de la carga.

Tanto en estado sólido como líquido, este tipo de carga puede ser embarcada gracias a largos **sistemas de tuberías cerradas o semiabiertas en la**

parte superior que van transportándola hasta las compuertas de los buques o cubas de los camiones. También es frecuente el **uso de palas como las de las máquinas retroexcavadoras** que cargan camiones o barcos directamente.

Otro de los medios de transporte de mercancía a granel es el **sistema de elevación de cangilones,** que se utiliza para el transporte de materiales de varias clases.

Banda de cangilones

Su estructura está compuesta por una banda o cadena motora accionada por una polea de diseño especial que la soporta e impulsa, sobre la cual va fijado un número determinado de cangilones unidos a la banda o cadena por la parte posterior. Estos recipientes a modo de cubos van **recogiendo la mercancía y transportándola a su destino dentro de un circuito cerrado de sogas o cadenas.**

✎ DEFINICIÓN

Cangilón

Dentro del sistema de elevación son los elementos que alojan a la carga en su carrera ascendente. Según su construcción, el cangilón puede ser metálico de chapa soldada o estampado, de plástico, de fibra, de acero inoxidable o de fundición.

6. Pesaje, colocación y visibilidad de la mercancía en la preparación de distintos tipos de pedidos

Como ya has visto, **el pesaje es una acción fundamental en el proceso de preparación de los pedidos;** de hecho, es algo esencial desde la recepcion de la propia mercancía por parte de la empresa proveedora, ya que al desembalarla para su colocación en las diferentes zonas o estantes del almacén ha de ser pesada y medida con los aparatos destinados a ello, con objeto de **depositarla allí donde sus características de peso y tamaño lo permitan.**

Sin embargo, para la preparación del pedido para su recogida también es fundamental la **colocación y visibilidad de la mercancía** para ser embalada.

Ubicación de la mercancía en los diferentes niveles de las estanterías de un almacén

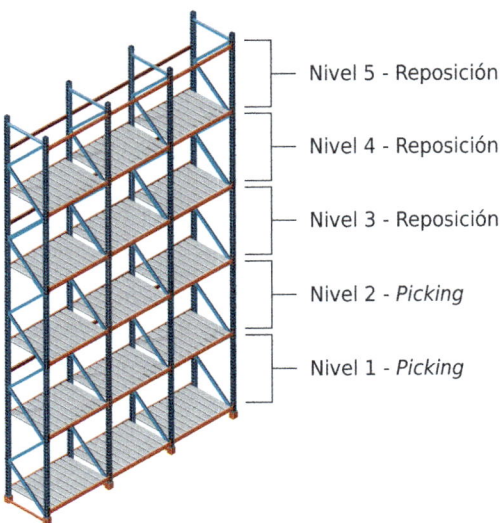

Nivel 5 - Reposición

Nivel 4 - Reposición

Nivel 3 - Reposición

Nivel 2 - *Picking*

Nivel 1 - *Picking*

Los pasos a seguir para la preparación de un pedido son los siguientes:

Comprobar los artículos
- En primer lugar, debemos comprobar los diferentes artículos de los que se compone cada pedido mediante la lista de *picking*, las terminales PDA o el sistema ERP o SGA.

Depositar los artículos en la zona correspondiente
- Una vez comprobados todos los artículos, se irán depositando en la zona de manipulación y embalaje, bien identificados y separados entre sí de otros pedidos.

Comprobar medidas y pesaje
- Tras su embalado se comprobará de nuevo que las medidas máximas y pesaje de cada unidad de pedido se corresponden con las indicadas, no sobrepasándolas, ya que de otro modo supondrían mayores portes y costes.

Colocar los artículos embalados en la zona correspondiente
- Una vez que los operarios encargados del embalaje de los artículos han diferenciado una unidad de pedido de otra situándolas en sus respectivas cajas o palés, estas tienen que ser colocadas nuevamente en la zona de carga o entrega para el transporte de la mercancía a los clientes.

6.1. Usos y recomendaciones básicas en la preparación de pedidos

Hay varias normas que resultan fundamentales para poder realizar la preparación de pedidos en el menor tiempo posible y sin perder un mínimo de calidad en los pedidos. Se trata de los **usos y recomendaciones básicas en la preparación de pedidos.**

Muchos de estos usos se resumen en un buen control de los pedidos desde la llegada de la mercancía por parte de los proveedores hasta el momento en que las unidades han sido entregadas. A continuación, mostramos cuáles se consideran los más importantes:

Control o conteo de inventario

Limpieza y orden de las instalaciones

Continúa en página siguiente >>

<< Viene de página anterior

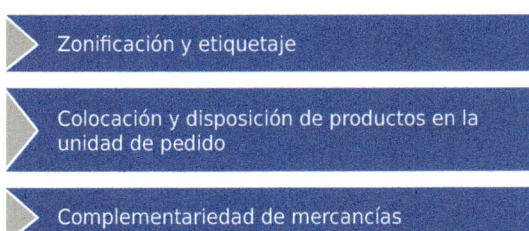

Zonificación y etiquetaje

Colocación y disposición de productos en la unidad de pedido

Complementariedad de mercancías

Conservación y manipulación de los productos

Una vez enumerados los **usos y recomendaciones básicas del almacén,** vamos a centrarnos en aquellas cuestiones derivadas del inventario, la limpieza y la zonificación del mismo.

En primer lugar, debemos hacer hincapié en que el **registro de inventario** resulta esencial cuando pretendemos mantener bajo control la mercancía de la que disponemos. Así, para impedir las roturas de *stock* hay que ser conscientes y tener controlado en todo momento el volumen de existencias.

 **RECUERDA**

La rotura de *stock* se produce cuando las existencias almacenadas no son suficientes para hacer frente a los pedidos de los clientes.

De este modo, para evitar este y otro tipo de errores será preciso realizar **conteos** constantemente, es decir, al llegar la mercancía del proveedor, cuando se han retirado los productos de sus zonas o estanterías e, incluso, cuando estos ya forman parte de la unidad de pedido.

Pero lo que sin duda resulta fundamental para un adecuado funcionamiento diario de las labores de un almacén es la **limpieza de sus instalaciones,** ya que es preferible perder algo de tiempo en dejar ordenadas las instalaciones que lamentar posteriormente accidentes por algún tipo de descuido.

Por último, no se debe olvidar la importancia de tener **controlada la zonificación** del almacén. Es cierto que cada almacén difiere de cualquier otro en cuanto a métodos de trabajo y orden en sus instalaciones; no obstante, hay que ser conscientes de la filosofía de cada uno de ellos, pues todos coincidirán en un sistema basado en la **Ley de Pareto** o Regla 20/80 y en **cuestiones de aprovechamiento de espacio.**

Ley de Pareto o regla 80/20

6.2. Colocación y disposición de productos y/o mercancías en la unidad de pedido

👉 **HILO CONDUCTOR**

J. M. Escudero acaba de empezar a trabajar en la sede que GLM dispone en la zona de levante, concretamente en la zona de preparación de pedidos del centro de almacenaje de Valencia. Apenas lleva una semana en el puesto de operario y, aunque está ilusionado y con ganas de hacer bien su labor, denota falta de experiencia en las tareas de colocación y disposición de productos en las unidades de pedido.

Un factor que permite acelerar el trabajo en un almacén de mercancía, como ya has visto, es el mantenimiento del orden. Para ello, un sistema muy adecuado es el de la **colocación y disposición de los productos en la unidad de pedido.**

En lo que a la velocidad de entrega y preparación de los pedidos se refiere es aconsejable que el operario encargado del *picking* de productos deposite su mercancía directamente en las unidades de pedido que le corresponden, ayudando así al compañero encargado del embalaje o empaquetado; de este modo, este solo deberá asegurar la carga en el interior mediante algún tipo de embalaje primario como, por ejemplo, plástico de burbujas o bolas de porexpán o simplemente precintarlo y etiquetarlo según se requiera.

Disposición de productos en cada unidad de pedido

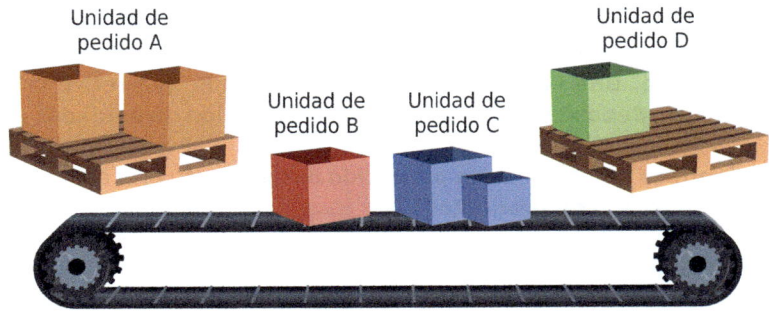

 EJEMPLO

Observas varios palés en el suelo de una zona de embalaje. En este caso, en lugar de depositar la mercancía con las manos o mediante el uso de máquinas sobre la mesa para que el compañero acabe por retirarlo de ahí para su embalado, esta se dejará sobre el palé destinado a formar esa unidad de pedido.

No obstante, si portas pequeños artículos en las manos y llegas a la zona de empaquetado en la que se encuentra el compañero con una caja abierta destinada al almacenamiento de dichos productos, estos se depositarán directamente en la caja.

En la operativa de preparación de pedidos este proceso se conoce como **colocación y disposición de la mercancía en la unidad de pedido.**

⚒ APLICACIÓN PRÁCTICA

José María transportaba esta mañana en la carretilla una serie de artículos que debían embalarse juntos sobre un palé; sin embargo, al llegar a la zona de manipulación y embalaje de mercancía, se da cuenta de que en el área destinada para ello hay un palé colocado en el suelo, así que deja los artículos directamente sobre él y continúa con el pedido. Minutos más tarde le comunican por radio que se dirija a la zona de embalaje. Una vez allí, su compañero le pide que retire la carga del palé y la deposite sobre la mesa de preparación de unidades de pedido.

Identifica qué error se ha producido durante este proceso de colocación y disposición de productos.

Solución

En la situación descrita ha habido una falta de comunicación entre los operarios, dado que antes de depositar los artículos sobre el palé, es necesario preguntar si se está actuando correctamente. En este caso no ha sido así, pues la carga debería haber sido dotada de una serie de embalajes secundarios y terciarios previos a la carga sobre el palé; de esta forma, el operario deberá volver dentro de unos minutos, esto es, cuando su compañero haya finalizado el embalaje para colocar de nuevo la mercancía empaquetada sobre el palé.

6.3. Complementariedad de productos y/o mercancías

Otro procedimiento muy adecuado a la hora de zonificar los almacenes es el de tener en cuenta la **complementariedad de los productos o mercancías.** Es decir, existen artículos o productos que por sus características son complementarios, que si son situados próximos entre sí serán más fáciles de identificar.

EJEMPLO

Son complementarios consolas y videojuegos, impresoras y cartuchos de tinta o llantas y neumáticos.

El principal objetivo de la ubicación es contener los *stocks* físicos presentados en bultos, sin embargo, no es nada sencillo llevar a cabo la ubicación de la mercancía, ya que además de la complementariedad de los productos, depende de otros muchos factores como la compatibilidad entre ellos, el tamaño o la rotación, esto es, los materiales que tengan una mayor salida se colocarán lo más cerca posible de la zona de pedidos, ahorrando así en costes de manutención.

Ejemplo de complementariedad de productos

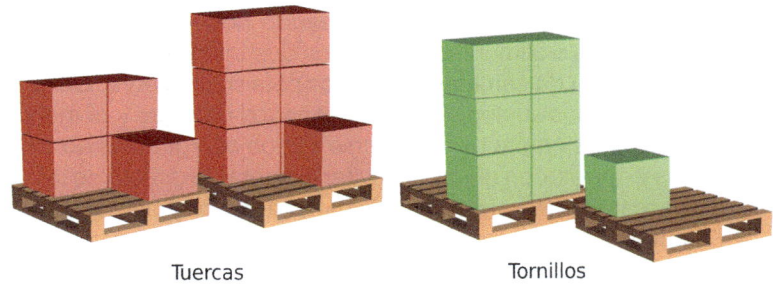

Tuercas   Tornillos

TAREA 4

Durante la tarde de ayer varios operarios del centro de almacenamiento de GLM en Huelva llevaron a cabo las tareas correspondientes al *picking* de un pedido procedente de una empresa de la provincia de Sevilla, en cuya orden podían apreciarse los siguientes productos o mercancías:

- Bricolaje y pintura: 2 bombonas de 25 l de metanol puro: 78 euros.
- Limpieza y tintorería: 1 bombona de 25 l de ácido acético: 41 euros; 12 rollos absorbentes de 4 m: 396 euros; 1 bombona de ácido dodecilbenceno sulfónico: 125 euros.

Continúa en página siguiente >>

<< Viene de página anterior

• Tratamiento de aguas: 1 tambor de 5 kg de incrementador de pH granulado: 9 euros; 5 tambores de 5 kg de cloro lento en pastillas: 95 euros.

Describe las operaciones propias de la preparación de pedidos, destacando las fases de desplazamientos, extracción y acondicionamiento de la unidad de pedido referida en el enunciado.

6.4. Conservación y manipulación de productos y/o mercancías

Para la **conservación y manipulación de los productos o mercancías** en el almacén hay que tener en cuenta sus **características.** En función de las mismas se puede establecer la siguiente clasificación:

⮩ **Perecederos y/o alimenticios:** cuando nos referimos a los productos perecederos o alimenticios tenemos que diferenciar entre aquellos que no necesitan de cámaras frigoríficas para su conservación de los que sí. Estos artículos suelen venir almacenados en cajas y el manipulado de los mismos siempre ha de llevarse a cabo con guantes de nitrilo o látex, batas y gorros, con objeto de evitar el contacto directo de las manos con la mercancía, así como caída de cabello sobre la misma.

⮩ **Textiles:** en el caso de los productos textiles estos suelen estar preservados en cajas; sin embargo, cuando no es así su manipulación deberá ser más cuidadosa, sobre todo, para no manchar el género antes de su embalaje para la venta.

⮩ **A granel:** la mercancía a granel precisa obligatoriamente de un equipo para su carga y descarga, ya que no se encuentra envasada ni embalada.

⮩ **Tóxicos:** los productos tóxicos suelen estar contenidos en cajas, bidones o contenedores, aunque para su manejo se aconseja el uso de mascarillas, batas y guantes de látex o nitrilo ante la posibilidad de posibles escapes o derrames de contenido.

⮩ **Embalados:** lo más común en los almacenes logísticos es que los productos y/o mercancías se hallen preservados por cajas, contenedores, sacos o bidones. En estos casos habrá que tomar medidas en relación principalmente al peso de cada uno de los embalajes como, por ejemplo, evitar el desplazamiento manual de cargas pesadas, haciendo uso de la maquinaria adecuada, lo que nos lleva a destacar la necesidad de que el operario deberá estar dotado en todo momento del equipo de protección de seguridad personal correspondiente.

TAREA 5

El centro de almacenamiento y distribución de una pequeña cadena de supermercados de la Costa Brava dispone de una base de datos con más de 5.000 artículos, en la que cada referencia contiene sus correspondientes datos logísticos, es decir, peso, dimensiones, etc.

Describe la funcionalidad y utilidad de los procedimientos de agrupación de productos, así como de las posteriores manipulaciones que podrían aplicarse a las unidades de pedido de la cadena de supermercados referida en el enunciado.

Para ello, comienza la tarea delimitando los alimentos perecederos de los que no lo son.

7. Resumen

Uno de los principales factores a considerar cuando nos referimos a la preparación de los pedidos en un almacén es el producto en sí mismo, esto es, su naturaleza física, su precio, su embalaje y el modo en que se presenta; de esta forma, las **características del producto, cualquier requerimiento específico del embalaje** y el **tipo de unidad de carga** son factores fundamentales al intentar minimizar los costes totales para los niveles del servicio dado.

Así, la **unidad de carga,** o conjunto de productos de pequeñas dimensiones que deben ser agrupados con objeto de facilitar su manejo, está considerada como un elemento esencial dentro de cualquier sistema logístico, donde los bidones, contenedores, cajas y palés se encuentran entre las unidades más conocidas. Del mismo modo, el **control del peso y el tamaño de los artículos** antes y después del embalaje de los mismos representa una acción fundamental para cualquiera de los operarios que trabajen en una empresa de almacenamiento, razón por la que los equipos de pesaje y manipulación de los pedidos se han visto incrementados en los últimos años.

Sin embargo, todos estos elementos requieren la intervención de un método interno, esto es, la acción laboral de los operarios en función de la maquinaria de la que dispongan en cada caso:

Esta clasificación guarda una relación directa con aspectos como la colocación y disposición de los productos en la unidad de pedido, la complementariedad de los productos entre sí o la conservación y manipulación de estos.

Ejercicios de autoevaluación
Unidad de Aprendizaje 2

1. De las siguientes frases, indica cuál es verdadera o falsa.

a. Las cargas pesadas intentarán moverse siempre de forma manual entre dos operarios, en caso de que no sea posible, se avisará al carretillero para su movilización.

- Verdadero
- Falso

b. En la manipulación y preparación de pedidos de manera mecánica o informatizada el operario utiliza diferentes medios para realizar el *picking*. Entre ellos se encuentran: carretilla de mano, transpaleta y carretilla elevadora o apiladora.

- Verdadero
- Falso

2. Una mala distribución de la carga sobre el barco puede conllevar a...

a. ... rotura de los motores.
b. ... deformaciones en la quilla.
c. ... deformaciones en el casco del buque.
d. Todas las opciones son correctas.

3. De las siguientes frases, indica cuál es verdadera o falsa.

a. Se conoce como transpaletas a aquellas herramientas de carga de mercancía que apoyadas en ruedas se componen de dos palas en forma de horquilla y un mango que, gracias a un sistema hidráulico, permite elevar ambas palas levantando la mercancía a cierta altura sin esfuerzo.

- Verdadero
- Falso

b. Tanto las carretillas manuales como las transpaletas disponen de sistemas hidráulicos para la elevación de la carga.

- ■ Verdadero
- ■ Falso

4. El micrómetro...

a. ... es cada vez más útil en almacenes de mercancía pesada.
b. ... sirve para medir el peso de los objetos poco pesados.
c. ... se caracteriza por su forma de hoz.
d. ... es una regla de plástico milimetrada que se usa para medir el espacio entre los textos.

5. El sistema que guía al operario para coger cada producto a través de señales visuales es el conocido como...

a. ... *picking* por voz.
b. ... *picking list.*
c. ... *picking to light.*
d. ... *no picking.*

6. El sistema por el que el operario se guía gracias a programas ERP y SGA y utiliza maquinaria de carga para la preparación de los pedidos es el conocido como...

a. ... automático.
b. ... atómico.
c. ... semiautomático.
d. ... manual.

7. Identifica el tipo de maquinaria que siempre lleva su carga por arrastre.

a. Carretillas elevadoras
b. Tractores
c. Transpaletas
d. Guías aéreas de doble vía

8. **¿Qué aparato de medición es muy útil para cifrar con precisión elementos de pequeño tamaño y permite calibrar sus medidas exteriores, interiores y de profundidad?**

   a. Pie de tornero
   b. Metro
   c. Pie de rey
   d. Calibre de profundidad

9. **¿Gracias a qué sistema se puede acceder a todos los artículos de un mismo estante sin moverse de una misma posición?**

   a. Estanterías móviles
   b. Carretillas por radiofrecuencia
   c. Canguilón
   d. Carruseles horizontales

10. **¿Qué medio de transporte mueve mayor volumen de mercancías en el tráfico internacional?**

    a. Transporte por carretera
    b. Transporte marítimo
    c. Transporte ferroviario
    d. Transporte aéreo

Envases y embalajes

Contenido

Objetivos

Los objetivos específicos de esta Unidad de Aprendizaje son:

→ Interpretar la simbología y recomendaciones básicas en la manipulación manual, conservación y embalaje de pedidos de mercancías/ productos de distinta naturaleza.

→ Realizar distintos tipos de preparación de pedidos y su embalaje, tanto de forma manual como con el equipo de embalaje, aplicando los criterios de etiquetado, peso, volumen y visibilidad de los productos o mercancías a partir de diferentes órdenes de pedido.

1. Introducción

Los envases y embalajes son comúnmente utilizados como sinónimos por personas ajenas al sector comercial; de hecho, lo son cuando se hace referencia al embalaje primario; sin embargo, **no puede generalizarse el uso del término envase** para todo tipo de embalajes, ya que los embalajes secundarios y terciarios abarcan mucho más que el contacto directo de un producto.

De esta forma, a lo largo del contenido de esta unidad de aprendizaje profundizaremos un poco más en el conocimiento de los distintos tipos de envases y embalajes de mayor empleo en el sector, así como el uso más adecuado de cada uno de ellos en función de las características de los artículos para los que estén destinados y su composición y estructura.

Para el desarrollo del contenido tomaremos como referencia los **envases y embalajes que los operarios del Grupo Logístico Madrileño utilizan para llevar a cabo las operaciones de preparación de pedidos,** así como la adecuación de dichos materiales a la naturaleza de las sustancias almacenadas en los diferentes centros de la empresa.

2. Presentación y embalado del pedido para su transporte o entrega

Es importante recordar la importancia del embalaje en los procesos de preparación de los pedidos, ya que se utiliza tanto para la protección de los productos como para diferenciar mejor las unidades de pedido en la zona de carga o entrega.

Sin embargo, la presentación y el embalado del pedido también resulta fundamental en lo que respecta a la figura del cliente; de este modo, conviene que en la medida de lo posible el empaquetado se presente en cajas con la imagen corporativa de la empresa, evitando cortes irregulares en los precintos, malos etiquetados y el empleo de cajas corporativas antiguas o de otras empresas dedicadas al almacén que puedan inducir a error.

Bolsa portadocumentos

Film extensible

Separador de cartón ondulado

Perfil de cartón

Palé

Los envases y embalajes son fundamentales para garantizar el transporte y entrega de la mercancía en perfectas condiciones.

 **CONSEJO**

Para evitar que se produzcan cortes irregulares en precintos o embalados con plásticos o *film* transparente y plásticos de burbujas, se desaconseja totalmente el uso de las manos o dientes para su corte y se recomienda el uso de cuchillas, tijeras y pistolas dispensadoras o retractiladoras.

2.1. Consideraciones previas

Dentro de las consideraciones previas al embalaje hay que mencionar las siguientes:

➲ **Características del producto:** algunas consideraciones previas a tener en cuenta son aquellas que guardan relación directa con las características del producto o artículo en sí. Esas características pueden ser **físicas,** aunque también pueden responder a **aspectos propios que definen y clasifican** mejor a cada producto como, por ejemplo, si es tóxico, frágil, textil, de construcción o material perecedero.
➲ **Cantidad:** hay que considerar la cantidad de producto, ya que dependiendo de la misma el embalaje se realizará de diferente forma.

- **Tipo de embalaje:** dependiendo del tipo de producto, la necesidad y tipo de transporte, etc., se necesitarán diferentes tipos de embalaje.
- **Imagen estética:** no hay que olvidar la importancia de la presentación de un embalaje, sobre todo, cuando el pedido se va a entregar en mano en las propias instalaciones.

  Cuando se pretende mostrar una imagen agradable para que **el cliente quede satisfecho con la empresa, el producto y el servicio,** se utilizan recursos tales como embalajes corporativos con una imagen estética y cuidada.
- **Seguridad:** resulta obvio que la imagen transmitida es muy importante; sin embargo, cuando lo que se pretende es enviar pedidos a través de medios de transporte, tal vez no sea tan necesaria una presentación detallada, apostando por una mayor seguridad de la mercancía para que esta llegue a su destino final en las mejores condiciones.

  Con ello nos estamos refiriendo a que pese a que pueden estar empaquetados siguiendo los criterios de imagen corporativa de la empresa a todos los niveles, quizás se deba hacer mayor hincapié en **otros tipos de preservaciones del contenido que no sean tan estéticas** como el uso de plástico *film* o burbujas alrededor del embalaje primario o secundario para asegurar la correcta llegada del contenido sin golpes ni roturas.

2.2. Embalaje primario: envase

Cuando se habla de embalaje primario no se hace referencia tanto al **envase del producto en sí** como a aquellas **primeras medidas de seguridad** que, en caso de ser necesarias para el transporte, ha de tener un producto al ser colocado en un embalaje de tipo secundario.

 **EJEMPLO**

Existen ciertos estándares como las botellas de 1 l, 1,5 l, 2 l y 5 l para el agua; de 2 l, y 237 ml para refrescos, botellas de 1 l para cervezas, 75 cl para los vinos y las latas de 33 cl para refrescos y bebidas alcohólicas.

En este sentido, los **barriles** son los **ejemplos más claros de envases de carácter primario** que hasta hoy mantienen vivo su uso para todo tipo de mercancía, ya sea sólida, líquida o en grano. Así, los envases de madera se emplean más como embalajes de tipo terciario, ya que confieren una mayor seguridad ante posibles golpeos en el transporte; de hecho, era el sistema más seguro para el transporte de cualquier tipo de mercancía en la antigüedad antes de la aparición del plástico. No obstante, el uso de la madera en la actualidad se está generalizando como embalaje de carácter lujoso.

En el caso de los productos líquidos, estos suelen estar envasados en materiales plásticos o de cristal, normalmente en forma de botellas, o bien en envases metálicos como las latas de aluminio de refrescos y otras bebidas. Pero no hay que olvidar que el **uso del papel y el cartón** es tan importante como el de los materiales mencionados anteriormente. El papel y el cartón responden a **dos formas básicas de embalaje primario de productos: el saco y la caja.**

Saco de papel y caja de cartón

Los materiales de construcción granulados como la gravilla o el yeso suelen presentarse en formato saco, mientras que para casi el resto de productos el uso más generalizado es la caja de cartón que puede conformarse como embalaje primario o secundario en función de su uso.

Por su parte, las **cajas de plástico** a día de hoy son muy utilizadas, bien como férreas cajas de transporte de frutas, verduras y hortalizas, bien como bandejas o cajas de poliestireno expandido para productos perecederos o que precisan congelación. También hay **envases de tipo mixto** como el tetrabrik, en cuyo caso el material líquido se conserva gracias a una fina capa de metal que unida a un envase de papel o cartón sirve como embalaje primario.

No hay que olvidar que también se considera embalaje primario a todas esas medidas de seguridad que permiten salvaguardar el contenido cuando se coloca en el interior de un embalaje de tipo secundario como las **bolitas de porexpán**, el *film* **de plástico**, el **plástico de burbujas** o las **cantoneras de poliestireno expandido.**

Tipos de envases

 ACTIVIDAD COMPLEMENTARIA

6. Determina si en la actualidad existe en el mercado una tendencia a utilizar la madera como empaque de lujo para obtener presentaciones cálidas, elegantes y sensibles al tacto y a la vista del consumidor, localizando, al menos, cinco imágenes que te sirvan de apoyo.

2.3. Embalaje secundario: cajas

☞ **HILO CONDUCTOR**

Esta mañana los jefes de inventario de los centros de almacenaje de GLM han reunido a sus operarios para recordarles que la clasificación de los materiales es una práctica muy habitual que tiene como objetivo limitar las actividades de planificación y control de ciertas referencias. En este sentido, y después de varias horas de trabajo, los jefes de inventario han comprobado que determinados tipos de embalajes carecen de uso durante la labor diaria de sus operarios, hecho que les ha llevado a prescindir de ellas de aquí en adelante.

El embalaje secundario sirve de protección de manera conjunta con el embalaje primario a la vez que facilita el transporte del producto. Este tipo de embalaje suele asociarse directamente con las **cajas,** ya sean de cartón, metal, plástico o madera.

Las cajas presentan una variada tipología, pudiendo ser **plegables, abiertas por uno de los extremos o por varios, tener tapa o no y, por supuesto, contener o no bisagra.**

Tipos de cajas			

Caja de una sola pieza	Caja de dos piezas, con tapa	Caja telescópica de dos piezas	Caja de Bliss
Caja telescópica de una sola pieza	Caja con tapa de encajar	Bandeja con lengüeta de encaje	Caja con trabas

No obstante, son muchas las ocasiones en las que, durante el proceso de preparación de pedidos, se utilizan otro tipo de embalajes secundarios como el *film* **de plástico, bandejas o elementos envolventes** de manera muy generalizada.

⊕ **PARA SABER MÁS**

Accede al siguiente enlace en el que podrás observar diferentes tipos de cajas de cartón, así como las características de las mismas:

Continúa en página siguiente >>

<< Viene de página anterior

https://redirectoronline.com/mf13260301

2.4. Embalaje terciario: palés y contenedor

La finalidad del embalaje terciario es **proteger y transportar las mercancías** para garantizar que el contenido llegue en buen estado a su destino durante todos los procesos. Además, combina los embalajes secundarios, uniéndolos en los tipos más utilizados: el **contenedor** y el **palé,** unidades de manipulación y almacenaje de mercancías.

Por lo general, los contenedores suelen ser cajones de enormes dimensiones en los que se almacenan diferentes unidades de pedido, ocupando casi todo su espacio interior. Como todo, en cuestión de controles de calidad y como necesidad de estandarización, el tamaño máximo de los contenedores viene definido por las normas ISO y AENOR, siendo el tamaño más común el de dos metros y medio de ancho por doce metros de largo.

Teniendo en cuenta su forma y las características de la carga que van a almacenar, estos contenedores pueden presentar diferentes formatos:

Contenedor cisterna	Contenedor abierto y cerrado	Contenedor con forma de prisma

- Suele ser cilíndrico y abombado en sus extremos.	- Para ser cargado por su parte superior o uno de sus extremos.	- De doce metros de longitud, que permite ser abierto por una de sus caras gracias a una compuerta.

Sin embargo, para el transporte terrestre existen otros contenedores homologados por las normas ISO y AENOR, que están desprovistos de cubierta superior, algunos de manera fija y otros con capacidad de apertura tanto de su frontal como de sus laterales mediante el uso de bisagras para facilitar la carga.

Al igual que en el caso de los contenedores, los palés suelen estar fabricados de material plástico, metal o madera. Las tablas están unidas entre sí por diferentes traviesas que las juntan a la vez que las elevan del suelo. Además, su forma puede variar en función de si se usan para las máquinas de transporte, elevación o almacenamiento de mercancía, aunque todos tienen en común que permiten espacio para la introducción de las **palas de máquinas elevadoras, carretillas transportadoras y transpalés universales.**

No obstante, lo que sí ha de respetarse son las **medidas estándares** para el palé completo, siendo las más comunes las de palé **europeo o europalé,** palé **universal** y palé **de menor tamaño.**

Palé europeo o europalé

Palé universal

Continúa en página siguiente >>

<< Viene de página anterior

Palé de menor tamaño

Aunque también son estándares los palés de 100 x 100 cm, 110 x 110 cm y 120 x 120 cm, el palé más largo de 140 cm x 1 m o los conocidos como **medio palés,** versiones reducidas a la mitad de los primeros.

Además de la clasificación de los palés según sus dimensiones, dependiendo de su **estructura,** se pueden encontrar entre otros:

➲ **Palés de dos entradas:** son aquellos en los cuales la estructura del palé está compuesta por tres tablas: una central y dos de ellas para los laterales, uniendo todas las tablas de la superficie en tres líneas paralelas de tabla firme.

➲ **Palés de cuatro entradas:** son aquellos que permiten la unión de las tablas de su superficie con una traviesa central que las mantiene unidas, pero en lugar de tener una tabla paralela a la central en cada uno de sus lados habrá un taco por cada esquina y otros dos situados en el centro de cada lado, ofreciendo así cuatro puntos desde donde poder alzar el palé con la maquinaria necesaria.

➲ **Palé reversible:** puede ser usado por cualquiera de sus dos caras o, lo que es lo mismo, consta de base de tablas por cada una de sus dos vertientes.

➲ **Palé con realces:** permite un mejor aseguramiento de la carga, gracias a los realces que presenta por cada uno de los laterales de la base o superficies.

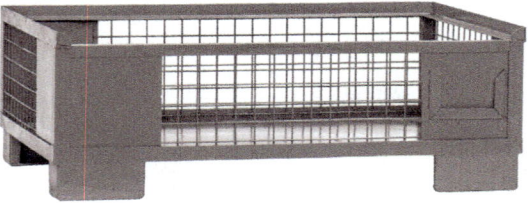

➲ **Palé tipo jaula o caja:** en este caso existe la posibilidad de preservar la mercancía de posibles golpes laterales o caída de la misma durante su transporte, ya sea en formato de jaula o caja.

El **palé reversible,** el **palé con realces** y el de tipo **jaula o caja** presentan el **inconveniente de no resultar tan útiles para el apilado cuando no se hace uso de ellos.**

Los primeros pueden unirse directamente cara con cara, ocupando de esta forma menor espacio que los de tipo jaula o caja y los palés con realces o bisagras, que abarcan un espacio mayor y son más inestables por lo irregular de sus bases.

Palé de acero © Fotografía: Eric at Steelpac Vía Web - CC BY-SA 3.0

Base de sustentación de madera (con armazón metálico o sin él)

Palé tipo estibador de doble piso

Palé de ocho posiciones

Palé de cuatro posiciones

Palé de doble cara

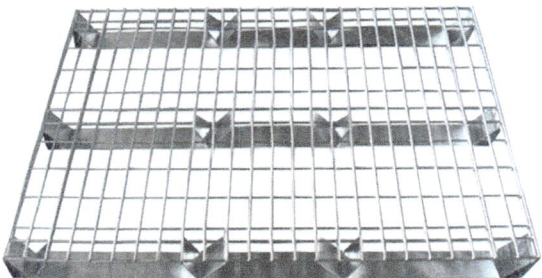

Palé de malla de acero

Palé de cartón de un solo uso

Palé de plástico

Base de sustentador totalmente metálico

Palé de una sola cara

Palé de aluminio

3. Tipos de embalaje secundario

☞ **HILO CONDUCTOR**

Tras la determinación de prescindir de algunos embalajes, los operarios han regresado progresivamente a sus puestos de trabajo. En este sentido, Julián ha sido el que mayor premura se ha dado, pues tiene que terminar de preparar un pedido para antes de las seis de la tarde. El problema es que se acaba de dar cuenta de que el embalaje que ha venido utilizando hasta ahora para la preparación de esa mercancía no es el que viene reflejado en la orden de pedido; de esta forma, en lugar del embalaje correspondiente ha utilizado cajas dispensadoras, lo cual va a hacer que tenga que agilizar muchísimo más el proceso si quiere terminarlo a tiempo.

- -

Como has visto, el embalaje secundario es aquel tipo de **envase o medida de seguridad** que permite al producto ya envasado mediante un embalaje primario mantenerse estable dentro del mismo. Existen diferentes tipos de embalajes secundarios.

3.1. Bandeja

La **bandeja** es un tipo de embalaje que sirve de base sólida a un producto al tiempo que evita que este se derrame o caiga por sus laterales **gracias a cuatro realces o pequeñas paredes elevadas.** Las bandejas más comunes **como embalaje secundario son de plástico o cartón y sirven como base de los productos,** pero tienen que valerse de otro tipo de embalaje secundario o terciario como el plástico transparente para unir el artículo a la bandeja en una sola pieza.

Recientemente ha proliferado mucho el uso de la **bandeja de poliestireno expandido** que, cerrada al vacío por un *film*, podemos encontrarla en cualquier supermercado, envasando productos alimenticios.

Tipos de bandejas

3.2. Box palé

Este tipo de embalaje secundario es cada vez más utilizado en el sector de la alimentación, debido a que **garantiza la comodidad y seguridad del producto interior a partes iguales.** Se trata de una caja de cartón que en cuanto a su anchura suele presentar unas dimensiones similares a los palés universales; no obstante, cada vez se están empezando a fabricar más en menores tamaños para el pequeño comercio de comestibles.

Además, esta caja facilita la **apertura de ventanas** o boquetes en una de sus caras gracias a unas **pequeñas perforaciones en línea** que aplican la presión sobre el cartón del embalaje.

Ejemplo de box palé

⊙ EJEMPLO

El ejemplo más claro para reconocer un box palé es el de las cajas que contienen las bolsas de patatas fritas en los supermercados y pequeños comercios.

3.3. Caja dispensadora de líquidos y caja envolvente o *wrap around*

La caja dispensadora de líquidos responde a la tecnología del tetrabrik para su fabricación. Al tratarse de una caja contenedora de líquido, las caras de su interior están recubiertas de una fina capa de aluminio, al tiempo que una capa de plástico transparente cubre la cara exterior del embalaje.

A diferencia de lo que ocurre con el tetrabrik, para acceder al líquido no será preciso abrir la caja por una de sus esquinas para posteriormente verterlo, sino que **se extraerá el grifo de plástico que presenta el embalaje,** dejándolo fijo para usos futuros.

Caja dispensadora de líquidos

La caja envolvente es un tipo de embalaje consistente en un **cartón ondulado** que rodea la mercancía, preservándola de posibles golpes. Este tipo de embalaje es muy utilizado para envolver botellas de cristal; sin embargo, su uso está empezando a extenderse a todo tipo de posibilidades.

Como principal inconveniente destaca el hecho de que **no puede abarcar objetos de grandes dimensiones,** quedando sus zonas superiores y posteriores abiertas.

Cartón tipo 'wrap around'

3.4. Caja expositora

La caja expositora responde a un sistema similar al *box* palé, pero en este caso el tamaño de la misma se corresponde con pequeñas dimensiones, pues está completamente **ideada para colocarse sobre el lineal de estantería de un supermercado o pequeño comercio;** sin embargo, la caja debe resultar mucho más vistosa, ya que sirve de embalaje y de expositor final.

De esta forma, suelen encontrarse cajas con líneas perforadas como las *box* palé, que solo permiten formar ventanas por las que acceder a los productos, pero también existen otras posibilidades; de hecho, es común que la ventana no se desprenda por completo, sino por tres de las partes, lo cual permite elevar y hacer diferentes figuras con la tapa desprendida.

Caja expositora

3.5. Caja de fondo automático o semiautomático

Las llamadas cajas de fondo automático son las más utilizadas en todo tipo de almacenes por su comodidad de uso y acoplamiento. Esto se debe al hecho de que **pueden plegarse sobre sí mismas, ocupando un espacio mínimo** en cuanto a grosor; de ahí que se coloquen apiladas entre sí en cajones o estanterías o de pie, pegadas unas a otras.

En lo que a la estructura se refiere estas cajas constan de cuatro paredes con ocho solapas de igual tamaño que al ser pegadas sobre sí forman la base y tapa perfectas para contener los productos que hay en su interior. Además, ofrecen la posibilidad de montar las solapas de modo cruzado, garantizando el soporte de mayor peso sin abrirse.

Estas cajas pueden disponer o no de parte superior, ya que en muchas ocasiones este tipo de embalaje se considera de **caja abierta** o **sin tapas.**

Al igual que las anteriores, las cajas de fondo semiautomático permiten ser plegadas sobre sí mismas; sin embargo, resultan más incómodas de almacenar, debido a que **su base se forma encajando las cuatro solapas que la componen,** pero la forma de estas es irregular, por lo que suelen ocupar algo más de espacio.

Las solapas que forman la base suelen tener forma de trapecio irregular; además, cada una de ellas añade una pestaña; de esta forma, al unir todas las solapas y pestañas entre sí se forma una base de fondo sólido.

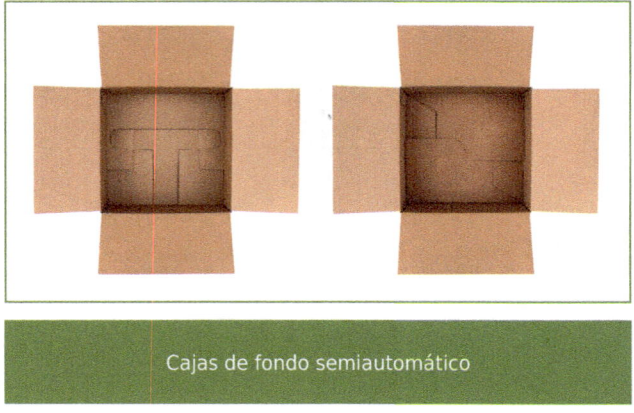

Cajas de fondo semiautomático

3.6. Caja de madera y de plástico

Como has visto hasta ahora, hoy en día existen numerosos requisitos para el embalaje. En este sentido, **uno de los formatos más demandados actualmente** es la caja de madera, debido al gran **ahorro de espacio** que ofrecen y a su **facilidad de montaje.** En muchos casos estas cajas presentan una base impermeable, con objeto de que los bienes que ocupan su interior no se mojen cuando tienen que ser manejados en situaciones adversas como, por ejemplo, manipular mercancías en condiciones de humedad.

El principal inconveniente que presenta este embalaje es que **no suele ser reutilizable,** ya que muchas de ellas están pensadas únicamente para un solo uso.

Desde que el uso del plástico como embalaje se ha generalizado en el sector comercial es posible encontrar envases de productos de todo tipo fabricados con este material, debido a su **elasticidad y maleabilidad,** lo cual posibilita la fabricación de productos y embalajes con todo tipo de formas.

Es por esa razón que las cajas de plástico pueden presentar características muy variadas en función de su uso. Así, existen cajas de cuatro paredes y base completamente cerrada con una hendidura para introducir las manos; cajas en las que todas las caras están perforadas; cajas apilables de apertura frontal para acceder al producto desde ese punto; cajas que se cierran a modo de estuche sin necesidad de bisagra; contenedores o baúles con tapa o con rejilla incorporada para poder meter botellas.

Cajas utilizadas en el sector agrícola

Cajas de plástico encajables

3.7. Caja con rejilla incorporada y caja de solapas

La caja con rejilla incorporada puede fabricarse a partir de **diferentes materiales:** plástico, madera, cartón, etc. En las cajas de plástico la rejilla es fija y suele responder al tamaño del producto que se va a introducir en cada celda; sin embargo, en el caso de la caja de cartón esta puede variar de tamaño, ya que la rejilla suele ser creada a través de cartones independientes con muescas que permiten su ensamblaje.

Por lo general, las cajas de cartón con rejilla incorporada **contienen botellas de cristal en número de seis a ocho unidades,** por lo que para dividirlas en sus respectivas celdas se usa un cartón con muescas de similar tamaño a la longitud de la caja, así como otros cartones hendidos con la anchura de la misma; de esta manera, al anclarlos al primero se formará la rejilla que mantendrá de forma estable el contenido.

La **caja de solapas** o **caja americana se corresponde con la caja de cierre automático.** Se trata de una caja de cuatro paredes con solapas superiores e inferiores del mismo tamaño en todas sus caras. La diferencia entre una y otra es que la de cierre automático puede no tener solapas en su parte superior o, lo que es lo mismo, puede no tener tapa.

Caja con rejilla incorporada

Caja con solapas

 APLICACIÓN PRÁCTICA

Hace unos días un pequeño comercio de barnices y pinturas de Toledo hizo un pedido de botellas de disolvente a la delegación de GLM en Madrid. En la correspondiente orden de pedido aparecen anotadas cinco cajas de botellas de disolvente de 1 litro cada una.

Determina en qué tipo de embalaje secundario las almacenarías.

Solución

En este caso, la caja de fondo automático se considera el embalaje más apto para almacenar las botellas de disolvente por su comodidad de uso y acoplamiento, siendo la más utilizada en todo tipo de almacenes.

3.8. Caja con tapa y caja con tapa y fondo

La cajas con tapa pueden definirse como **aquellas que permiten cerrar su contenido bajo la protección de una tapa,** ya sea como objeto individual o formando parte de la misma a modo de solapas. En este sentido, cuando hablamos de tapa individual debemos distinguir dos tipos: **caja de tapa y fondo,** en la que la tapa se encaja sobre la caja mediante presión, cubriendo total o parcialmente la misma, o **tapa independiente.**

Las **cajas con tapa independiente** suelen responder a estructuras de madera o plástico, pero también se encuentran de cartón. En el caso de las dos primeras, la tapa suele cubrir completamente la abertura de la caja, pero sin solapas ni rebordes que cubran parte de sus laterales. Normalmente, las cajas con tapa responden a modelos vistos anteriormente, como los de fondo automático y semiautomático, o incluso al plegado de una sola solapa con pestaña.

Modelo de caja con tapa

La **caja con tapa y fondo** es aquella en la que **la tapa es completamente independiente y un poco más ancha que la caja,** por lo que gracias a sus paredes exteriores tapa a presión el contenido de esta. Es la más común en artículos de zapatería y puede presentarse en forma de prisma, cilíndrica o cúbica.

Cajas con tapa y fondo

3.9. Cesta y estuche

Este tipo de embalaje responde a un carácter muy tradicional, por lo que actualmente está en desuso, a menos que se quiera **dotar al producto de cierto carácter natural o artesano.** El tipo de embalaje para este tipo de usos es la cesta, que se emplea para la presentación y el transporte de fruta y verdura ecológica.

Cesta

El estuche es un tipo de caja que **permite mediante el uso de un sistema de bisagra abrir o cerrar su tapa para mostrar el contenido.** Cuando está fabricado en madera suele usarse para presentar productos de carácter artesanal, aunque lo normal es encontrar este tipo de embalaje en plástico o metal para artículos de joyería.

En cualquier caso, puede responder más a un sistema de envase primario que secundario, en la mayoría de las ocasiones.

Ejemplo de estuche

APLICACIÓN PRÁCTICA

El área de investigación y desarrollo del Grupo Logístico Madrileño acaba de sacar a la luz un nuevo endurecedor líquido para resina de fibra de vidrio. El producto va a ser envasado en tubos de plástico con un contenido neto de 29,5 ml.

Determina qué tipo de embalaje resultaría más adecuado para el almacenamiento y la distribución de dichos envases.

Solución

Por las prestaciones que ofrece, el embalaje secundario más adecuado para almacenar y distribuir los tubos de endurecedor líquido es la caja de tapa y fondo.

- -

3.10. *Film* plástico y plató agrícola

El *film* de plástico constituye en sí un embalaje secundario, ya que **su uso es normalmente complementario al embalaje primario,** bien como tapa o rodeando las bandejas de cartón o poliestireno expandido. Su uso está generalizado y puede darse impreso y serigrafiado con diferentes motivos o identidad corporativa, o ser un *film* transparente.

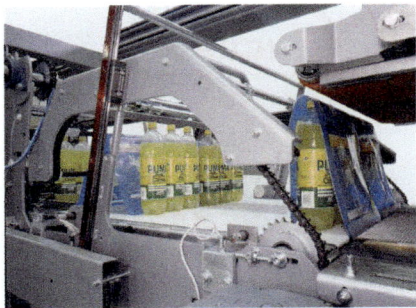

'Film' de plástico y máquina retractiladora (© Fotografía 2: Bc507 Vía Web - CC BY-SA 3.0)

El plató agrícola se define como **un embalaje de características similares a las de las cajas de plástico o madera** que contienen frutas y verduras, con paredes no demasiado altas y aberturas para la inclusión de las manos o asas en sus laterales, permitiendo ser apilados y recogidos al desmontarlos.

Plató agrícola

3.11. Saco de papel

El saco de papel es un **embalaje perfecto tanto de carácter primario como secundario para los productos a granel;** de esta forma, los sacos de papel o cartón fino se consideran un embalaje primario esencial para artículos como el yeso, la arena, el cemento o la gravilla.

Su principal inconveniente es que solo pueden ser utilizados una vez, ya que por lo general han de romperse para poder acceder a su contenido.

 **NOTA**

Los sacos de papel no responden bien a los golpes y tienden a agujerearse o partirse con cierta facilidad.

No obstante, existen otros tipos de sacos que debido a su forma y utilidad son usados como embalajes de tipo secundario. Estos sacos presentan una base cuadrada o rectangular, con paredes muy altas para poder introducir el producto en ellos y plegar su abertura superior, cerrándolos sobre sí mismos. Como no pueden soportar mucho peso suelen utilizarse para pequeños artículos de moda y complementos, libros o ciertos productos perecederos como cárnicos y pescados.

Sacos o bolsas de papel

4. Otros elementos de embalaje

☞ HILO CONDUCTOR

Los operarios de los almacenes de GLM saben que los separadores de capas se utilizan dentro de las cajas para dividir capas de productos apilados; sin embargo, uno de ellos ha cometido esta mañana el error de no colocar los separadores de cartón corrugado necesarios para garantizar la inmovilidad y protección adicional de la mercancía, con la consiguiente rotura de parte del material que iba a ser transportado.

Los elementos de embalaje no se reducen solamente a las cajas y demás recipientes vistos hasta ahora, pues existen otros objetos que sirven igualmente para **preservar el contenido y asegurar al mismo tiempo la inmovilidad de la mercancía.** Nos referimos a elementos como las **cantoneras, los separadores o los acondicionadores** que, en ocasiones, funcionan como embalajes primarios cuando el producto no se encuentra envasado ni presentado en caja alguna.

4.1. Cantonera

Como elemento de seguridad, la **cantonera** puede ser de diferente índole, dependiendo de la finalidad para la que haya sido concebida. Es común encontrar cantoneras fabricadas en plástico o cartón con forma piramidal sin alguna de las caras laterales, ya que su función es la de servir como elemento de embalaje primario al encajar exactamente en el secundario a la vez que **protege las esquinas del producto en cuestión.**

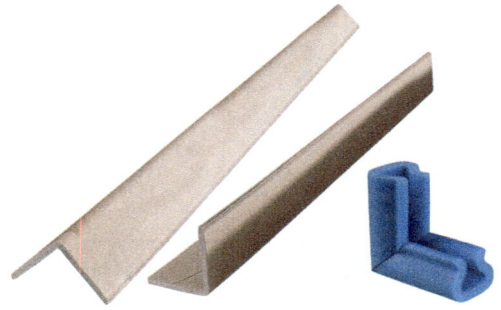

 **EJEMPLO**

Si la mercancía tiene forma de cubo o prisma como, por ejemplo, un electrodoméstico, habrá ocho esquinas que proteger de los golpes. En ese caso se colocará una pirámide por cada una de las esquinas, con la cara abierta dirigida hacia el producto.

- -

Por lo general, todas las cantoneras se unen entre sí para que no se caigan en el transporte mediante tiras de *film* transparente de plástico.

Otro tipo de cantoneras, ideadas para proteger planchas de mayor longitud y menor grosor, tienen forma de ele, dado que su función es proteger todo el ancho del objeto.

4.2. Acondicionador

El acondicionador responde a cualidades de protección a la vez que **inmoviliza el producto dentro de un embalaje secundario,** adaptándose con precisión a las dimensiones del mismo. En este sentido, los acondicionadores de poliestireno expandido y plástico son fabricados con las medidas exactas para preservar cada producto, por lo que supone un proceso más de fabricación que, por lo general, se lleva a cabo en la propia fábrica de cada producto.

No hay que confundir las piezas de poliestireno expandido con las bolas de porexpán: las primeras mantienen fijo el producto al ejercer presión con las caras interiores de las paredes del embalaje, mientras que las segundas sirven como material de relleno.

4.3. Separador

Como ya has visto, las cajas con rejilla incorporada suelen crearse gracias a unas tiras de cartón que encajadas entre sí **separan unos productos de otros para evitar que se golpeen entre ellos.** Pues bien, esos cartones son separadores de productos.

Los separadores pueden ser verticales u horizontales, formando diferentes niveles o pisos dentro del embalaje secundario. Ejemplos claros de separadores de nivel los encontramos en cajas de bombones, cajones de latas, palés en los que se ofertan en diferentes niveles botellas de plástico, etc.

Sin el empleo de este tipo de elementos de embalaje el producto se tambalearía o golpearía constantemente durante el transporte de la mercancía, ya que se encontraría **carente de sujeción dentro del embalaje secundario.**

 TAREA 6

El responsable del almacén de una empresa especialista en el sector agrícola ha comprobado a primera hora de esta mañana que el personal de preparación de pedidos tenía asignada su tarea; sin embargo, muchos de ellos no tenían claro el orden de los diferentes encargos.

Tras comprobar la notificación de los pedidos, el encargado comunica a los operarios la prioridad a tener en cuenta durante la jornada de hoy. Mediante el uso de los terminales por radiofrecuencia el grupo asignado al primer pedido comienza con la preparación del mismo a partir de la siguiente orden:

Continúa en página siguiente >>

<< Viene de página anterior

Cantidad	Descripción del artículo	Modo de distribución
10 uds	Abono complejo con micronutrientes	Saco de 25 kg
100 g	Semillas de tomate marmande raf	Mercancía a granel
250 g	Semillas de berenjena larga morada	Mercancía a granel
530 g	Semillas de pimiento najerano	Mercancía a granel
3 uds	Electroválvula de caudal bajo (11,4 x 10,7 x 8,4 cm)	Embalaje de fábrica
20 uds	Fardo de hierba (80 x 90 x 240 cm)	Paca cilíndrica

Tomando como referencia los datos contenidos en la orden y la distribución que presenta el almacén en el siguiente plano, describe los pasos y procedimientos durante la preparación del pedido desde la selección hasta la presentación final del mismo, enumerando las características de los tipos de envases, embalajes y sistemas de paletización, relacionándolas con las características que presenta la mercancía referida.

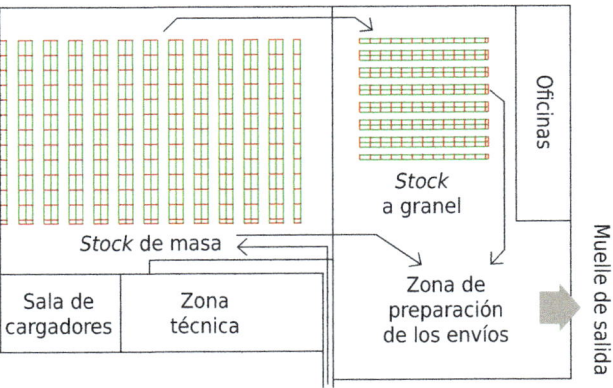

Propón alguna mejora que se pueda llevar a cabo en el sistema de preparación de pedidos de la empresa o en la distribución física del establecimiento y determina las posibles acciones que podrían aplicarse para aumentar la eficiencia del proceso.

5. Medios y procedimientos de envasado y embalaje

El embalaje depende de las características propias de cada producto; de esta forma, se podría afirmar que el uso de latas, tetrabriks y botellas es el más generalizado para los líquidos; el envasado al vacío o congelado es para los productos perecederos, mientras que el saco lo es para las mercancías a granel como semillas, arena o cemento.

No obstante, los medios de envasado y embalaje dependerán siempre de los **procesos de fabricación del producto y de si estos se efectúan de manera mecánica o manual.**

 EJEMPLO

Productos como frutas, verduras y hortalizas frescas suelen ser envasados en su estado natural, manualmente y en cajas de madera o platós agrícolas; sin embargo, cuando están en almíbar o demás productos conservantes suelen ser envasados a través de un proceso semiautomático o automático de relleno y cierre de latas y/o botes de cristal mediante maquinaria industrial.

Estos medios y procedimientos vendrán determinados por factores económicos, esto es, si el fabricante puede permitirse o no el uso de maquinaria, así como por las necesidades de diferenciación del producto, confiriéndole un carácter determinado; de todos modos, cada vez es más común que los **medios y procedimientos del envasado y embalaje de productos sean procesos altamente mecanizados y automatizados,** en los que grandes terminales de dosificación y formulación determinan las cantidades y el peso a incluir en cada envase.

Terminal de dosificación y envasado

6. Operaciones de embalado manual y mecánico

Las diferentes operaciones de embalado de artículos y productos **dependerán de la fase de producción en que se encuentren,** esto es, si se hace referencia al proceso de fabricación o se están introduciendo artículos de un embalaje secundario como unidad de pedido. Pero, sobre todo, de las **posibilidades económicas o necesidades de la empresa** que permita que estas operaciones se puedan llevar a cabo de uno u otro modo.

Al hablar del proceso de fabricación y embalaje primario de productos, se hace referencia al proceso industrial de fabricación del producto en sí. En ese caso, es habitual encontrarse con que el embalado se realiza automáticamente y que tanto el envasado de los productos por unidades como su colocación en el embalaje primario se hace de manera mecánica mediante el uso de maquinaria pesada robotizada.

Sin embargo, dejando atrás el proceso fabricación y centrándose en las tareas propias de almacén y logística, las **operaciones de embalado se realizan cuando se ha efectuado el *picking* previo de los artículos o productos** en sus estanterías o zonas de almacenaje y se colocan en el embalaje secundario previo a su transporte y distribución. En estos casos, las operaciones de embalaje se efectúan manualmente, colocando cada uno de los productos en su embalaje secundario con cuidado y haciendo uso de separadores, cantoneras u otros elementos para evitar golpes y roces con el resto de artículos embalados entre sí.

En los sistemas de embalaje manual, la forma de llevar a cabo el embalado es la tradicional, realizada de forma manual.

ACTIVIDAD COMPLEMENTARIA

7. Busca información y analiza en qué sector han evolucionado más las operaciones de embalaje y en cuál de ellos no ha habido prácticamente ningún avance durante las últimas décadas.

6.1. Consideraciones previas: dimensión, número de artículos o envases

 HILO CONDUCTOR

Uno de los operarios del almacén de GLM en Madrid se dispone a cargar las unidades de pedido en la unidad de carga correspondiente para un envío de transporte de mercancía al extranjero.

Con la hoja de carga en la mano realiza el control de la mercancía, tachando las unidades de pedido que va introduciendo; sin embargo, cuando está a punto de acabar, se da cuenta de que dos de las unidades de pedido no solo coinciden en forma y tamaño, sino que además no han sido identificadas. El problema es que, según la hoja de carga, cada una de ellas va destinada a diferentes puntos y clientes de la ciudad de destino, por lo que no pueden ser introducidas en la unidad de carga sin diferenciar una de otra.

En lo que al proceso de embalaje se refiere, las **dos consideraciones básicas** por las que este vendrá determinado son:

En función de la cantidad y el tamaño de los productos que se coloquen en un embalaje secundario, se deberá calcular el espacio necesario, así como las proporciones que habrá de tener el embalaje secundario a utilizar.

IMPORTANTE

Es necesario conocer mediante el pedido o parte de trabajo las unidades de cada producto, ya que el tamaño y las cantidades son las que definirán las proporciones y forma adecuada del embalaje secundario a utilizar para cada unidad de pedido.

- -

A continuación, se analizará cada una de las fases o etapas de las que se compone el proceso de envasado y embalaje de la mercancía.

6.2. Empaque y etiquetado

La tarea de **empaquetado** es la que se corresponde con la **colocación ordenada y segura de los artículos o productos** dentro del embalaje secundario que los guarda.

En este sentido, son muchas las ocasiones en las que el empaque necesario para cada unidad de pedido viene determinado por el parte de trabajo u hoja de pedido, mientras que otras veces son las dimensiones y características del producto las que definen el embalaje secundario.

El proceso de etiquetado de las unidades de pedido tras su empaque es tan importante o más que el propio empaquetado, de ahí que la etiqueta ejerza de **elemento diferenciador** al tiempo que **indica datos importantes del contenido.**

Este proceso se puede realizar a mano, con adhesivos con celdas rellenables mediante el uso de ordenador o gracias a pistolas de etiquetado, que permiten tanto la impresión de la misma como el rellenado de sus celdas a través del teclado y la pantalla LCD que llevan incorporados.

El establecimiento de un orden y etiquetado correcto de las unidades de pedido conlleva, entre otros beneficios, el incremento de la calidad de la información en los flujos administrativos y operativos, la reducción de posibles incidencias durante las entregas y la mejora de la cadena logística.

6.3. Precinto

Para el cierre de los embalajes secundarios, los operarios encargados de la preparación de pedidos suelen utilizar **flejes** o **precintos.**

El fleje es una **cinta metálica o de plástico que permite asegurar con fuerza la mercancía a puntos de anclaje tras su cierre,** o bien rodear a modo de abrazadera un embalaje de tipo secundario como una caja, bandeja, mercancía paletizada o *film* de plástico, con el fin de asegurar su cierre.

Al igual que el fleje, el precinto permite **abrazar y cerrar embalajes de tipo secundario y cerrar solamente ciertas partes del mismo como aberturas o solapas.** Este suele venir presentado en forma de rollo cilíndrico y puede usarse manualmente como la cinta adhesiva transparente o a través de dispensadores como pistolas de precinto, que permiten su fijación y corte de una manera mucho más cómoda y rápida.

Tipos de precintos

6.4. Señalización y etiquetado del pedido

Dentro del proceso de preparación de pedidos no se debe olvidar **señalizar y etiquetar cada unidad de pedido embalada,** ya que se puede llegar a confundir un pedido con otro. Asimismo, tampoco basta con la separación y zonificación de los paquetes de forma visual, sino que necesitan de su etiquetado para la diferenciación entre las unidades de pedido y contenido.

Al igual que se señaliza y etiqueta la unidad de pedido, estas operaciones también han de aplicarse sobre el pedido en sí, con el fin de que ambos queden correctamente relacionados e identificados. En este sentido, la etiqueta debe dejar constancia de toda la **señalización referida a un correcto manejo y transporte de la carga** para situarla en la posición que han de adoptar durante las labores de almacenamiento y transporte.

Producto embalado y etiquetado

 TAREA 7

Durante los últimos días un almacén distribuidor dedicado al comercio mayorista de productos de alimentación, vinos y artículos de limpieza ha visto concluidas las obras de construcción de sus nuevas instalaciones, un almacén automático de 978 m², con capacidad para 4.000 palés, tal y como puedes observar en la imagen que aparece a continuación:

Continúa en página siguiente >>

<< Viene de página anterior

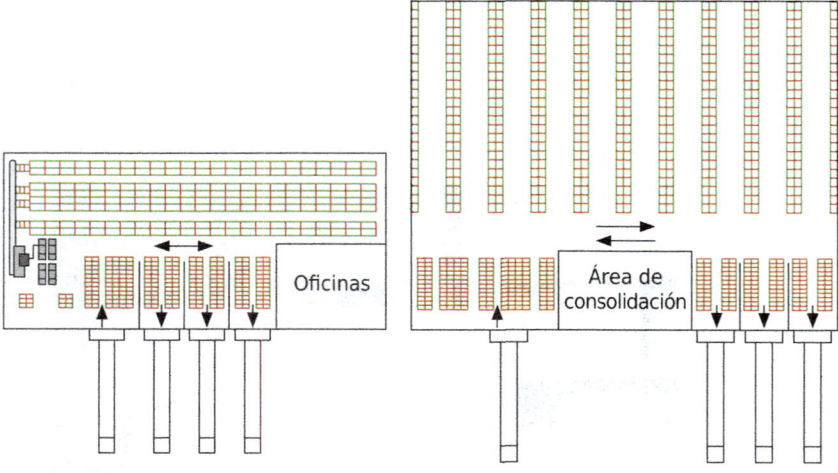

Sabiendo esto, y a partir de la caracterización detallada de las dos superficies, diferencia las unidades de manipulación utilizadas normalmente en cada una de ellas y enumera los tipos normalizados de unidades de manipulación, paletas y sistemas de embalaje más comunes en el transporte de cargas o bultos de este sector, valorando comparativamente el funcionamiento de ambos almacenes.

7. Control de calidad: visibilidad y legibilidad del pedido y/o mercancía

El control de la calidad de los pedidos, productos o mercancía es algo esencial en el trabajo de almacén y logística. Este control debe ser exhaustivo desde el mismo momento en que se recibe la mercancía por parte del proveedor.

En ese **primer control** el operario encargado de la recepción de la mercancía debe realizar el control de:

Salud e higiene
- Deberá asegurarse del **estado en que la mercancía** ha llegado a las instalaciones de la empresa.
- Si la mercancía llega abollada, rasgada, con signos de golpes o, incluso, si se ha producido un roto en el embalaje o el envase interior de los productos, **es necesaria su notificación para que sea devuelta al lugar de procedencia,** evitando así daños mayores.
- Un embalaje defectuoso o en mal estado puede llegar a ocasionar **graves problemas en materia de calidad e higiene:** bacterias o virus infecciosos, que pueden contaminar y pudrir el producto; animales o insectos como ratas, cucarachas o gusanos, que pueden acceder al interior a través de las roturas, etc.

Recuento de la mercancía
- Debe **incluir los datos de las cantidades recibidas** para que quede constancia en las áreas de administración y previsión de almacén, con el objetivo de garantizar una previsión de productos en el almacén, la salida que tienen a nivel comercial o la necesidad de retirarlos por cercanía de la fecha de caducidad.

Asimismo, un correcto control de calidad lleva asociado la eficiente **visibilidad y legibilidad** del pedido o mercancía durante su ciclo comercial en el almacén: recepción, almacenado y entrega. Además de indicar las características del producto que preserva, este etiquetado puede reflejar otro tipo de datos como, por ejemplo, el número de bultos, si se trata de un producto complementario, si permite ser apilado o no, etc.

Además de una primera identificación del producto, cuando este llega al almacén debe ser etiquetado nuevamente para determinar la referencia de la zona o estantería en la que va a ser almacenado, facilitando las tareas de *picking*. El tercer etiquetado se produce cuando se realiza un nuevo embalado en cada unidad de pedido.

La visibilidad y legibilidad de la etiqueta en este punto sobre los nuevos embalajes resulta fundamental, ya que de este modo se diferenciará una unidad de pedido de otra a simple vista, garantizando su fácil localización e indicación del contenido.

 **CONSEJO**

Cualquier recepción de artículos debe ser meticulosamente revisada, ya que de no ser así acabarían por almacenarse productos dañados en las instalaciones del almacén sin posibilidad de ser devueltos y con los problemas que ello generaría.

7.1. Recomendaciones de AECOC y simbología habitual

En las recomendaciones de etiquetado que realiza la **Asociación de Fabricantes y Distribuidores (AECOC),** la simbología habitual de las etiquetas de productos y pedidos incluye los siguientes datos:

- **Código del producto:** a ser posible mediante sistemas de codificación estándar como códigos de barras o binarios.
- **Nombre del producto:** el nombre del producto tiene que ser idéntico al declarado a la autoridad pertinente encargada de la inspección del mismo.
- **Razón social del proveedor:** por lo menos, deberá aparecer el nombre y la dirección de la empresa proveedora, con objeto de comunicar posibles pérdidas o errores.
- **País de origen:** en caso de tener que enviar o recibir mercancías de mercados extranjeros deberán aparecer las indicaciones *Made in...* o *Product of...*
- **Peso y tamaño:** en las etiquetas se suele indicar tanto el peso como el tamaño del producto.
- **Contenido:** en caso de tratarse de un contenedor o unidad de carga deberá indicarse en su etiquetado el número de unidades de pedido que contiene.
- **Número de bultos:** en caso de tener que recibir varias unidades de carga en un mismo pedido, los bultos se enumerarán con la señal universal 1/..., 2/... o 1 de..., 2 de... y así sucesivamente.

EJEMPLO

A continuación, se muestra un ejemplo de etiqueta de un producto:

Código del producto: 8424654465485		
Nombre del producto: líquido endurecedor		
Razón social del proveedor: ARLIBRE, S. A.	**País de origen:** España	
Peso y tamaño: 264 cc	**Contenido:** 12 uds	**N.º Bultos:** 1/1

Además de los referidos anteriormente, existen otros tipos de estándares que regulan los requisitos de legibilidad relativos al **etiquetado,** destacando los elementos esenciales que debe contener una etiqueta para que sea:

Legible
- En primer lugar, una etiqueta debe resultar legible. Aunque en la normativa no se indica cuál es el tamaño mínimo ni máximo de los textos que deben aparecer en el etiquetado, sí advierte que hay que ser consecuente con la información que se pretende ofrecer y que esta debe ser **legible y comprensible a simple vista.**

Destacable
- Asimismo, para que una etiqueta pueda considerarse destacable es preciso que los textos que aparecen en ella puedan distinguirse del fondo de la misma, así como que otro tipo de **adornos decorativos o los logotipos empresariales no interfieran en la legibilidad** de los mismos.

Continúa en página siguiente >>

<< Viene de página anterior

Indeleble
- Por último, la etiqueta debe **resistir a factores externos** como la humedad, la temperatura, el manejo de la mercancía, el sudor o los diferentes líquidos de limpieza o mantenimiento, razón por la cual la normativa indica claramente que los textos en este tipo de etiquetado deben estar impresos de manera indeleble.

NOTA

En el sector alimenticio se aplica la siguiente normativa:

- Real Decreto 1334/1999, de 31 de julio, por el que se aprueba la Norma general de etiquetado, presentación y publicidad de los productos alimenticios.
- Reglamento (UE) n.º 1169/2011 del Parlamento Europeo y del Consejo, de 25 de octubre de 2011, sobre la información alimentaria facilitada al consumidor.

AECOC regula además otro tipo de actividades relacionadas directamente con **el trabajo de almacén como el peso, la altura y las dimensiones máximas aconsejadas en la paletización o preparación de pedidos,** por lo que no se detiene solamente en estudios de codificación y etiquetado de productos.

Es por eso que, tal y como establecen sus estándares, el **tamaño común máximo europeo para los palés es de 800 x 1.000 mm, con una carga no superior a los 1.000 kg por unidad,** mientras que la altura máxima, incluyendo la bandeja, el palé u otro embalaje secundario usado en la unidad de pedido, no debe superar los 1,45 m para evitar posibles accidentes o problemas relacionados con el transporte de la carga.

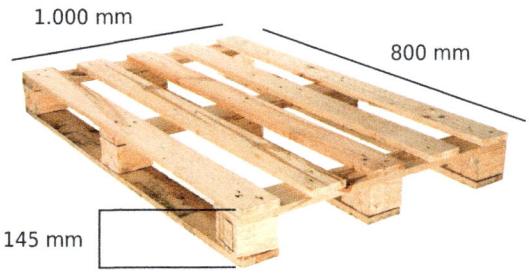

Esta recomendación recogida por la AECOC, aunque también por las denominadas normas ISO, permite excepciones en mercancía poco pesada como la derivada del papel, en la que se puede alcanzar una altura de 2 metros o en el transporte de líquidos en recipiente que podría llegar hasta 1,75 metros de altura.

Por último, destacar que las normas ISO reguladoras de este tipo de precauciones son las **ISO 4180 y 2247**.

 PARA SABER MÁS

Accede al contenido publicado en esta web sobre los objetivos de la norma ISO 4130 y otros aspectos de interés sobre los requisitos de los envases y embalajes:

https://redirectoronline.com/mf13260302

La mayoría de daños e incidencias sufridas por el binomio producto-embalaje durante su ciclo de distribución suelen darse durante las tareas de manipulación, concretamente en el proceso de carga y descarga.

TAREA 8

El operario encargado de la preparación de pedidos de unos grandes almacenes acaba de terminar de embalar un monitor LCD de 31,5 pulgadas. Como podrás observar en la imagen que aparece a continuación, el embalaje contiene, además de los pictogramas de manejo, la información habitual que debe incluir cualquier tipo de pedido.

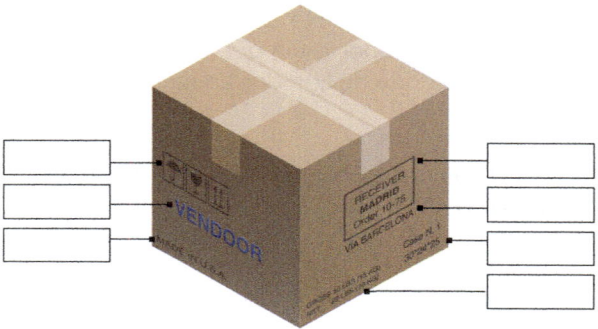

Describe la simbología básica que aparece en el embalaje de la mercancía, así como los daños o desperfectos que podría sufrir el producto durante su manipulación en caso de que el operario encargado de recepcionarlo no cumpla las normas y recomendaciones contenidas en la etiqueta.

- -

8. Uso eficaz y eficiente de los embalajes: reducir, reciclar y reutilizar

👉 **HILO CONDUCTOR**

Siguiendo las directrices de la política medioambiental del grupo, Julián ha optado por depositar en el contenedor correspondiente las cajas contenedoras

Continúa en página siguiente >>

<< Viene de página anterior

que había utilizado en primer lugar para embalar el pedido que debía salir a las 18:00 horas. El caso es que había pensado reutilizarlas, pero al ver cómo quedaban tras extraer los productos de su interior ha considerado que lo mejor sería incluirlas en el proceso de reciclaje.

En lo referente al seguimiento de los estándares de normalización se considera oportuno el uso eficaz y eficiente de los embalajes, por lo que al igual que hay que saber elegir entre un tipo de embalaje u otro para cada producto según sus propias características, se ha de ser consecuente con lo que se conoce como las **tres erres:**

8.1. Reducir

Cuando hablamos de **reducir el embalaje o los elementos que empleamos** para esta tarea, lo que se pretende es ajustar el tamaño del mismo a las necesidades que el producto o las unidades de producto requieran. Por tanto, evitaremos siempre malgastar materiales de embalaje como cajas en las que sobre mucho espacio o no usar demasiado plástico de burbujas o *film*.

Igualmente se aconseja **reducir cantidades en flejes o precintos,** es decir, una vez quede asegurada la carga, mercancía o el cierre de los embalajes no será necesario extenderse mucho más con el uso de este tipo de accesorios de apoyo.

 **PARA SABER MÁS**

Consulta en el siguiente enlace un artículo sobre diferentes propuestas para la optimización del embalaje en el almacén:

https://redirectoronline.com/mf13260303

8.2. Reutilizar

Un aspecto que persigue la minimización y reducción de residuos de los embalajes es la reutilización de los mismos. En este sentido, **palés, cajas de madera, de plástico, metálicas o de cartón pueden ser reutilizables** en otras ocasiones, siempre que estas no hayan sido serigrafiadas o impresas con imágenes corporativas de otra empresa o dañadas parcial o totalmente. Tal es así que tanto las cajas de cartón como los platós agrícolas permiten ser montados y desmontados para su almacenamiento, ocupando así un menor espacio.

Los palés, cajones y cajas que mejor permiten su reutilización son los fabricados en plástico y metal siempre que, como hemos visto anteriormente, no hayan sido serigrafiados o impresos con la imagen corporativa de otra empresa. Además, en este caso, debemos tener en cuenta que estos embalajes pueden requerir un lavado previo e incluso un desinfectado si se ha transportado líquido o material perecedero o alimenticio que haya podido desprender determinadas sustancias en su interior.

Similar es el caso de los embalajes fabricados con poliestireno expandido, que pueden ser lavados y reutilizados tantas veces como se quiera bajo las mismas condiciones de uso que los anteriores; no obstante, este material suele deteriorarse y romperse con frecuencia. Además, su reutilización no acaba con el empleo de los mismos para otras ocasiones, pues aun cuando se han estropeado pueden volver a utilizarse de otro modo. Así, **las bolas de**

porexpán, papeles, plástico de burbuja, *film* y cartones de relleno o envolturas de cajas o contenedores que se hayan abierto para la obtención de los productos pueden guardarse para un uso posterior.

8.3. Reciclar

El material de desecho de todos estos productos de embalaje puede reciclarse con facilidad; de esta forma, las empresas dedicadas a este tipo de trabajo, así como las agencias de estudio de normas de actuación, obligan al reciclado de los productos dañados o de desecho, facilitando así el acceso a contenedores de papel, vidrio y cartón en las instalaciones de la empresa o cercanas a las mismas.

Asimismo, existen **contenedores y compactadores de metal que permiten la recogida de todo tipo de metales** en estas empresas e, incluso, contenedores para cargas más pesadas como materiales de desecho de hierro y acero procedentes de restos de cajones metálicos o palés de este tipo.

Por su parte, los **restos de madera tienen menos posibilidad de reciclado por su fragilidad, capacidad biodegradable y escaso uso futuro** una vez rotos o astillados. Es por eso que los restos de este material suelen eliminarse en contenedores de retirada de basura orgánica habituales.

En lo que a los **materiales plásticos** se refiere, estos ofrecen la posibilidad de ser derretidos de nuevo mediante el uso del calor, permitiendo su reutilización y reciclado **gracias a sus propias características de elasticidad y maleabilidad.**

 ACTIVIDAD COMPLEMENTARIA

8. Reflexiona sobre el uso que debería hacerse de los embalajes y a continuación responde a las cuestiones planteadas:

   • ¿Sería posible aumentar en la actualidad la tasa de recuperación y reciclado de los envases y embalajes de poliestireno expandido usados en los pedidos?
   • ¿Qué tipo de acciones se podrían llevar a cabo al respecto?

Como has visto, tan importante como el propio producto es la manipulación y el tratamiento que se le dé, destacando la importancia de un adecuado embalaje, sin el cual el producto o mercancía podría deteriorarse.

Por lo tanto, es importante conocer las características del producto, así como la manipulación y transporte a la que va a estar sometido, de modo que se pueda seleccionar el embalaje adecuado.

El embalaje de un producto debe adaptarse a sus características; morfología, peso, etc.

RECUERDA

Una vez que se ha utilizado el embalaje, se debe de ser consecuente con lo que se conoce como las tres erres: reducir, reutilizar y reciclar.

TAREA 9

Dos de los operarios encargados de las tareas de embalaje de mercancía en una imprenta están preparando una unidad de pedido para un importante cliente del sector audiovisual.

Continúa en página siguiente >>

<< Viene de página anterior

Observa la siguiente imagen:

¿Crees que la zona en la que están realizando el embalaje presenta el aspecto adecuado, apropiado para llevar a cabo dichas tareas?

Valora la importancia de minimizar y reducir los residuos durante el embalaje de pedidos, indicando las actuaciones que deberían llevarse a cabo.

9. Resumen

El embalaje se utiliza para contener los productos de forma temporal con el fin de agrupar unidades de producto, pensando en cómo hacer que **resulten más sencillos de manipular, transportar y almacenar.** Además de estas funciones, los envases cumplen otras como, por ejemplo, proteger el contenido o informar sobre cómo debe trasladarse de forma segura. Así, podemos diferenciar entre tres tipos de embalajes en función del producto/mercancía que contienen en su interior:

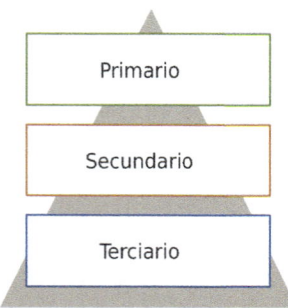

Existe, además, una enorme variedad de equipos asociados a los procesos de envasado primario y embalaje secundario, destinados especialmente a **aquellas operaciones cuya eficacia, seguridad e higiene son esenciales** para que los productos lleguen a su destino con calidad y a tiempo, por lo que siempre tendremos la posibilidad de seleccionar el tipo de embalaje que mejor se adecúe a las características propias de la mercancía:

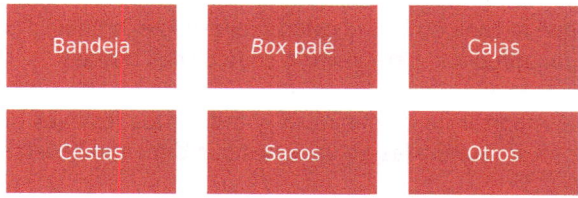

Asimismo, los **medios y procedimientos de envasado y embalaje** vienen determinados por factores económicos y las necesidades de diferenciación del producto; no obstante, cada vez es más frecuente que estos procedimientos se caractericen como procesos altamente mecanizados y automatizados, donde los grandes terminales de dosificación y formulación determinan las cantidades y el peso a incluir en cada envase, todo ello bajo las directrices a tener en cuenta respecto a la **visibilidad y legibilidad de la mercancía** y el **uso eficiente y eficaz de los embalajes.**

Ejercicios de autoevaluación
Unidad de Aprendizaje 3

1. Determina si las siguientes afirmaciones son verdaderas o falsas.

    a. Las cajas, como embalaje secundario, pueden ser de diferentes tipos, pudiendo ser plegables, abiertas por uno de los extremos o por varios, tener o no tapa, y por supuesto contener o no bisagra, siendo consideradas cajas de tipo estuche cuando su tamaño es reducido/pequeño.

        ■ Verdadero
        ■ Falso

    b. La cesta permite dotar a los productos que contiene de cierto carácter artesano.

        ■ Verdadero
        ■ Falso

2. La _____ es aquella en la que la tapa es completamente independiente y un poco más ancha que la caja.

    a. caja tipo estuche
    b. caja de tapa y fondo
    c. caja de fondo automático
    d. caja envolvente

3. Enumera al menos seis ejemplos de embalaje secundario:

_____
_____
_____
_____

4. Otros elementos de embalaje podrían ser...

    a. ... las cantonás y acondicionadores.
    b. ... los flejos y las bolas de porexpán.

c. … las cantoneras y separadores.

d. … champú y acondicionador.

5. Si se habla de las cantidades 800 x 1200 se hace referencia a…

a. … el tamaño mínimo de los containers o contenedores.

b. … el tamaño de los palés de tipo universal.

c. … el tamaño de la base de un europalet.

d. … a la multiplicación de dos de las normas ISO más importantes.

6. Determina si la siguiente oración es verdadera o falsa: "Las dos consideraciones básicas que determinarán el proceso de embalaje son la dimensión y número de artículos o envases a colocar, ya que dependiendo del tamaño de los productos que se van a colocar en un embalaje secundario, se deberá calcular el espacio que se va a necesitar y las proporciones que habrá de tener la caja".

- Verdadero
- Falso

7. Las etiquetas de productos y pedidos deben responder a criterios de…

a. … legibilidad y visibilidad.

b. … las normas ISO y LIFO.

c. … resistencia al mojado y al calor.

d. … resistencia al aplastamiento.

8. La AECOC es la…

a. … Asamblea Española de Comerciantes Cualificados.

b. … Asociación Española de Comercialización Codificada.

c. … Asociación de Fabricantes y Distribuidores.

d. Todas las opciones son incorrectas.

9. **Las cajas con rejilla incorporada son:**

   a. Aquellas en las que sus paredes son de rejilla para permitir airear su contenido.
   b. Ideales para separar un producto de otro, por ejemplo botellas.
   c. Cajas con una rejilla en su tapa para permitir introducir los productos desde arriba.
   d. Cajas *tuning.*

10. **Determina si la siguiente oración es verdadera o falsa: "Para favorecer los cortes irregulares en precintos o embalados con plásticos o film transparente y plásticos de burbujas se desaconseja el uso de las manos o dientes para su corte y sí se recomienda el uso de cuchillas, tijeras o pistolas dispensadoras de este tipo de materiales o retractiladoras".**

    ■ Verdadero
    ■ Falso

Seguridad y prevención de accidentes y riesgos laborales en la manipulación y preparación de pedidos

Contenido

Objetivos

Los objetivos específicos de esta Unidad de Aprendizaje son:

→ Interpretar la simbología y recomendaciones básicas en la manipulación manual, conservación y embalaje de pedidos de mercancías/ productos de distinta naturaleza.

→ Aplicar las medidas y normas de manipulación en el pesaje y acondicionamiento de pedidos, de forma manual y utilizando el equipo de manipulación habitual en la preparación de pedidos de acuerdo con unas órdenes y las recomendaciones y normativa de seguridad, higiene y salud.

→ Realizar distintos tipos de preparación de pedidos y su embalaje, tanto de forma manual como con el equipo de embalaje, aplicando los criterios de etiquetado, peso, volumen y visibilidad de los productos o mercancías a partir de diferentes órdenes de pedido.

1. Introducción

Para lograr una formación completa en la preparación de pedidos no solamente deben conocerse los detalles del proceso de preparación o el tipo de productos o embalajes que pueden encontrarse en las empresas dedicadas a la logística o almacén, sino que también debemos tener en cuenta la **seguridad y la prevención de accidentes y riesgos laborales en el trabajo.**

En este sentido, la mejor forma de evitar un accidente es conociendo de antemano las posibilidades reales que existen de poder sufrirlo, por lo que es igualmente importante conocer las señalizaciones que se encuentran en las áreas de trabajo y sobre la mercancía, las señales sonoras o visuales, etc.

En esta unidad se analizarán los aspectos que hay que tener cuenta para **evitar accidentes mayores en la manipulación y preparación de los pedidos.** Para ello, nos basaremos en las normas y directrices establecidas en los centros de almacenaje y distribución de GLM, S. A., donde la manipulación y conservación de la mercancía está sometida a unos determinados criterios y mecanismos de seguridad.

2. Fundamentos de la prevención de riesgos e higiene postural en la preparación de pedidos

☞ **HILO CONDUCTOR**

Después de varias horas de reunión, la junta directiva del Grupo Logístico Madrileño ha tomado la decisión de nombrar a Francisco Azcona como delegado de prevención de la nueva sede del grupo. En este sentido, los miembros de la Junta le han comunicado que uno de sus principales objetivos como delegado será promover y fomentar la cooperación de los operarios de almacén en la ejecución de la normativa sobre Prevención de Riesgos Laborales, así como ser consultado por la compañía, con carácter previo a su ejecución, sobre cualquier decisión que pueda tener efecto sustancial sobre la seguridad y salud de los trabajadores.

- -

En relación a los fundamentos de la prevención e higiene postural a cumplir por las empresas dedicadas a la preparación de pedidos, existen una serie de **métodos preventivos y actuaciones que a priori pueden considerarse óptimas** para el desarrollo laboral dentro de este ámbito empresarial.

Ante todo, y en función del convenio y el número de empleados que trabajen en una empresa, deberá nombrarse un **delegado de prevención de riesgos laborales,** encargado de que se respeten y cumplan las normas establecidas a tal efecto.

Como norma general para pequeñas y medianas empresas, el convenio suele recoger que este delegado puede ser elegido exclusivamente por el propio dueño o empresario, al menos, en empresas de treinta o menos trabajadores.

Sea como fuere, tanto la empresa como el empleado tienen una serie de **obligaciones y responsabilidades.**

Es deber y obligación por parte de la empresa **favorecer en la medida de lo posible la formación,** tanto de este delegado como de toda la plantilla, bien a través del delegado de una empresa dedicada a este tipo de estudios de prevención de riesgos, bien adoptando las medidas de seguridad y cumpliendo la normativa vigente al respecto.

Para ello, es deber del empresario contar con las medidas de seguridad necesarias para llevar a cabo cualquiera de las funciones correspondientes a cada uno de los trabajadores de la empresa, así como ofrecerles cursos de reciclaje de sus funciones, razón por la cual cada empresa debe poseer, al menos, una **copia de la documentación necesaria con las leyes, derechos y obligaciones que ampara la Ley 31/1995, de 8 de noviembre, de Riesgos Laborales.**

Entre los **datos que recoge esta documentación** aparecerán una serie de puntos dirigidos a la evaluación de los riesgos para la salud y seguridad del trabajador, la planificación de la acción preventiva, la obligación de estimar resultados mediante controles periódicos de las condiciones de trabajo, las medidas de protección y prevención que deben adoptarse para cada función, así como una relación de los materiales preventivos que deben usarse para su consecución.

Por parte del empresario nunca está de más establecer una relación de accidentes de trabajo, además de enfermedades derivadas de la profesión para su estudio y prevención en futuras actuaciones.

Por parte del empleado, una vez estudiados los puntos que establece la Ley de Prevención de Riesgos, es responsabilidad suya contar con las medidas de seguridad necesarias, así como **estar provisto en todo momento del material de seguridad e higiene postural** que deba usar para cada función y tener una correcta actuación y control dentro de lo que se denomina área o zona de seguridad de su puesto de trabajo.

Asimismo, es responsabilidad del empleado informar al delegado de prevención o, en su defecto a su inmediato superior, de las posibles **anomalías vistas o comprobadas tanto dentro como fuera de su área de trabajo.**

En el caso de la preparación de pedidos hay que tener en cuenta ciertos factores como la **carga de mercancía de elementos químicos nocivos para la salud y la carga de materiales pesados,** muy comunes en tareas de logística y almacén. Para ello, se recomienda que el espacio de trabajo se encuentre completamente limpio y que todos los productos, equipos de seguridad y maquinaria de apoyo se coloquen en su lugar correspondiente una vez que hayan terminado de usarse.

El trabajo de almacenaje requiere el **uso y transporte de productos químicos que pueden ser nocivos para la salud** si no son correctamente empleados.

Para evitar estos riesgos, y según las leyes vigentes en materia de prevención de riesgos para la salud y la higiene, los **fabricantes están obligados a señalizar en el propio producto, o en una nota de seguridad adyacente,** tanto su composición, toxicidad y uso correcto de movilidad y empleo, como el modo de proceder en caso de posible intoxicación a través de contacto con heridas cutáneas, en los ojos o por ingesta.

De esta forma, hay que tener en cuenta que para **evitar posibles derrames, ocasionando caídas por deslizamientos o contaminación por los propios efluvios de los vapores de los productos,** será fundamental el correcto almacenamiento de los mismos, en lugares bien ventilados y, a ser posible, distanciados de la maquinaria y cables que pudiesen ocasionar chispas que al reaccionar con estos químicos originasen incendios.

También hay que valerse de **las normas de seguridad e higiene vigentes para el control de residuos,** en las que se especifica que todo material reciclable, como papeles usados para la limpieza de engranajes, disolventes o tintas, y restos de embalajes usados deberán ser retirados en sus correspondientes contenedores para reciclaje, siendo estos recogidos por empresas especializadas que procederán a su retirada y tratamiento, evitando posibles desperfectos, intoxicaciones o incendios no deseados.

Por otra parte, al hablar de **higiene postural** hacemos referencia a los movimientos o posturas a adquirir para evitar determinados esfuerzos y descargar de pesos y lesiones a la columna vertebral; no obstante, hay que puntualizar que el **objetivo primordial** de los estudios referentes a la higiene postural **es aprender a realizar los esfuerzos laborales de una forma óptima y adecuada,** con el fin de disminuir el riesgo de lesiones en la espalda y la zona lumbar.

Pero hay que recordar que **no todos los daños sufridos a causa de una mala postura se producen en las tareas de carga de materiales.** El trabajo en la preparación de pedidos no siempre se efectúa de pie; de hecho, son muchas las ocasiones en las que el operario se encuentra sentado, ya sea en los vehículos destinados para la carga o en la preparación y embalaje de los pedidos, por lo que aquí también es importante un correcto estudio sobre la higiene postural.

Forma correcta para transportar la carga

 TAREA 10

Después de realizar el seguimiento de las programaciones de entradas, el jefe de almacén de un centro de logística y distribución ha remitido a sus operarios una circular interna, recordándole a la plantilla que para lograr una manipulación segura de las mercancías peligrosas es preciso conocer sus propiedades físicas, químicas y toxicológicas, así como sus efectos sobre la salud de las personas y el medioambiente.

A decir verdad, solamente algunos de los operarios muestran permanentemente una actitud de prevención y seguridad durante la manipulación de la mercancía,

Continúa en página siguiente >>

<< Viene de página anterior

mientras que el resto hace caso omiso a las normas referidas, demostrando una enorme ignorancia y falta de profesionalidad al respecto.

Razona las exigencias que supone para el trabajo diario de estos operarios una actitud de prevención y seguridad durante la manipulación de mercancías de distintas características, así como la necesidad de que cumplan las normas de manipulación y conservación en el caso de mercancías peligrosas y las implicaciones que conlleva no adoptarlas.

2.1. Accidentes y riesgos habituales en la preparación de pedidos

La **protección de los trabajadores** frente a los riesgos derivados de la preparación de pedidos es **uno de los objetivos principales de la normativa en prevención de riesgos laborales,** concretándose en el desarrollo de diferentes actividades preventivas por parte del empresario.

Como has visto, los **accidentes y riesgos más habituales en la preparación de pedidos** suelen ser caídas, golpes, atrapamientos, sobresfuerzos, contactos eléctricos, posturas de trabajo, agentes químicos, incendios y ruidos.

De un modo pormenorizado, las lesiones a causa de una incorrecta higiene postural vienen dadas como consecuencia de **malas posiciones y movimientos de carga manuales** de los productos o por no sentarse adecuadamente en las zonas de preparación o en la máquina transportadora y cargadora de mercancía.

Posición correcta al transportar una mercancía

Mapa de riesgos por tareas en empresas de almacén y distribución

Por lo general, las empresas que realizan tareas de almacenamiento y distribución suelen definir de forma global un **mapa de riesgos del proceso** llevado a cabo en sus instalaciones. Los **riesgos** que se recogen en este mapa hacen referencia al **suceso que puede provocar el daño** o bien a la **forma en que el objeto o la sustancia causante pueden entrar en contacto con el trabajador.**

Riesgos	Tareas					
	Recepción de mercancías	Almacén de mercancías	*Picking*	Preparación de pedidos	Expedición	Distribución
Caídas a distinto nivel	X	X	X		X	X
Caídas al mismo nivel	X	X	X	X	X	X
Caídas de objetos por manipulación	X	X	X	X	X	X
Caída de objetos desprendidos y/o desplome		X	X			
Pisadas sobre objetos	X	X	X	X	X	
Golpes contra objetos inmóviles	X	X	X	X	X	
Golpes, cortes y contactos con elementos móviles de máquinas	X	X	X	X	X	
Golpes y cortes por objetos o herramientas	X	X	X	X	X	X
Atrapamientos por o entre objetos	X	X	X	X	X	
Atrapamientos por vuelco de máquinas	X	X	X		X	X
Atropellos, golpes y choques con o contra vehículos	X	X	X		X	X
Sobreesfuerzos	X	X	X	X	X	X
Contactos eléctricos		X	X	X		
Agentes químicos	X	X	X	X	X	X
Ruido	X	X	X	X	X	X
Vibraciones	X	X	X		X	X
Posturas de trabajo	X	X	X	X	X	X
Incendios	X	X	X	X	X	X
Explosiones		X				X
Accidentes en tránsito						X

 **APLICACIÓN PRÁCTICA**

La mayoría de los operarios de almacén de GLM ha asistido esta mañana a un seminario de formación y reciclaje acerca de los posibles riesgos y accidentes propios de las actividades de almacenamiento y distribución, tales como la recepción de mercancías, la preparación de pedidos o la expedición.

Determina cuáles son los riesgos que están presentes durante el proceso preparación de pedidos.

Solución

En un mapa global de riesgos del proceso llevado a cabo en empresas dedicadas al almacenamiento y la distribución, las pisadas sobre objetos, los golpes contra objetos inmóviles y las caídas de objetos por manipulación son riesgos propios de la fase de preparación de pedidos.

 TAREA 11

El señor Antúnez trabaja como operario en un pequeño almacén de recambios de automoción desde hace más de nueve años. Es un excelente trabajador; sin embargo, su rendimiento en el almacén se ha visto afectado últimamente por un trastorno musculoesquelético, consecuencia de la realización continua de tareas de levantamiento y manipulación de cargas. Todo ello con el agravante de tener que llevar a cabo su trabajo en un espacio insuficiente para la manipulación manual de cargas, que le induce permanentemente a adoptar posturas forzadas.

Tomando como referencia el caso descrito, explica los riesgos que pueden tener sobre la salud determinadas posturas y accidentes propios de la manipulación manual de cargas. ¿Influirá el tipo de mercancía en los riesgos existentes?

Describe los riesgos de manipulación de distintos tipos de mercancías peligrosas, pesadas, perecederas, congeladas y alimentos.

----

3. Recomendaciones básicas en la manipulación manual de cargas y exposición a posturas forzadas

Muchas son las normas y consejos sobre la prevención de riesgos e higiene postural en el trabajo del almacén, pero una de las **recomendaciones básicas en la manipulación manual de cargas y exposición a posturas forzadas** es relativa al peso de la carga; de hecho, según la norma, toda carga con **un peso mayor a los 3 kg puede provocar daños** en la espalda o lumbares.

Por otra parte, se sabe que el peso máximo ideal a coger por cada tipo de persona es el siguiente:

15 kg	25 kg	50 kg
- Mujeres, jóvenes o personas de cierta madurez, no ejercitadas ni con buenas cualidades físicas.	- Hombre sin cualidades físicas o deportivas demostradas.	- Persona de complexión fuerte y entrenada.

IMPORTANTE

Según el criterio empresarial, y para evitar posibles riesgos, el peso máximo a cargar se cifra en 40 kg para aquellas personas ejercitadas físicamente.

Sin embargo, no siempre que se ejerza manipulación de cargas de manera manual será en posición de parada y en pie. Por ello, como consideraciones básicas para el arrastre o bien cuando se empujen mercancías sin el uso de ruedas inferiores u otro medio que facilite el traslado, **se recomienda que esta no sea superior a 25 kg.**

Por otra parte, en el desplazamiento con cargas de forma manual, habrá que llevar como protección guantes de cuero o textiles y botas de seguridad. Además, se aconseja el uso de la faja lumbar y que **el peso de la carga a transportar no supere los 10 kg.**

Asimismo, cuando el trabajo se realiza sentado no se recomienda elevar la carga del suelo a la mesa desde esa posición y, si llegara a hacerse, que **el peso de la misma no suponga más de 5 kg.**

Toda carga que se eleve **desde el suelo de manera manual** debe ser levantada **gracias a la fuerza de las piernas** y nunca desde la espalda o las lumbares.

Más adelante comprobaremos **cómo corregir posturas para evitar daños corporales,** pero como **consideración básica** hay que decir que la **posición de la espalda** debe ser siempre la misma: **recta.** Por ello, si se pretende elevar una carga desde el suelo, se hará abriendo las piernas y con los brazos rectos y extendidos hacia el suelo y se descenderá flexionando las rodillas hasta una posición en cuclillas que permita elevar la carga sin flexionar la espalda.

Para proteger la espalda al manipular cargas se deben adquirir unos correctos **hábitos posturales.** La postura correcta al manejar una carga es con la espalda recta.

Un operario que levanta 25 kg con la espalda recta, se ha testado médicamente que sufre una presión interdiscal de 75 kg, mientras que si se hace el puente, es decir si arquea la espalda, la presión interdiscal aumenta a la nada despreciable cifra de 375 kg.

Además, para evitar posturas forzadas nunca se girará el **tronco cuando se lleve carga en las manos,** ya que al hacerlo puede producirse una lesión en la espalda, es decir, **se girará siempre el cuerpo por completo.**

Muchas de estas premisas, normas o directrices dirigidas a cada uno de los trabajadores pueden aparecer también recogidas en un **plan estratégico de operaciones** o, incluso, en un **plan estratégico de emergencias** redactado para este tipo de situaciones.

3.1. Señalización de seguridad

En materia de señalización de seguridad toda empresa debe tener un **plan de emergencia en caso de incendio.**

Cada empresa debe realizar su propio estudio de emergencias en caso de incendio, dado que la distribución de los inmuebles es diferente para cada local. Asimismo, toda empresa debe contar con mangueras contra incendios y/o extintores, por lo que es responsabilidad del empresario o, en su defecto, del delegado de prevención, enseñarles a los trabajadores el manejo de estos equipos que deberán encontrarse perfectamente **localizables mediante señales informativas homologadas.**

IMPORTANTE

Para que se produzca una correcta evacuación de las instalaciones en caso de incendio se recomienda señalizar mediante mapas perfectamente entendibles e identificados, además de vías de emergencia que indiquen el camino más rápido para abandonar las zonas de peligro o, en su caso, que muestren la salida más cercana.

Sin embargo, en materia de señalización **en la preparación de pedidos hay que considerar otros tipos de señales** igualmente importantes como son las de circulación en empresas con mucha maquinaria, circuitos cerrados de máquinas automáticas, luminosas y acústicas y las que indican las características de los propios productos, máquinas o herramientas.

En este sentido, algunos de los **sistemas** más importantes en **materia de seguridad** son:

- ⮕ **Señalización de zonas de circulación de maquinaria para personal ajeno:** estas pueden ser las barras de seguridad o las señales dibujadas o pegadas en el suelo, que se asemejan a las cotidianas de seguridad vial: flechas en el suelo que indican dirección, peligros, señales de sentido obligatorio, paso prohibido o semáforos y señales de ceda el paso o *stop.*
- ⮕ **Señales visuales:** estas pueden ser las que indican la posición de los artículos en sus zonas, las alarmas que avisan del inicio y fin de la jornada laboral o aquella que previene de posibles incendios, sin olvidarnos de las señales luminosas de las máquinas y vehículos en funcionamiento. También pueden ser las señales lumínicas de máquinas y vehículos en funcionamiento, que suelen ser sirenas de color ámbar de luz giratoria que indican la posición en la que se encuentra actuando cada una de ellas.
- ⮕ **Señales acústicas:** las señales sonoras de las máquinas y vehículos dependerán del fabricante, estas se resumen básicamente en dos: el **claxon,** para avisar de un posible peligro o posición a los demás operarios o un **pitido intermitente,** que se activa al realizar movimiento de marcha

atrás para avisar del retroceso de las máquinas al tratarse de una maniobra que entraña cierto peligro.

⊃ **Señales de maquinaria, productos y embalajes:** estas son las que se adhieren a los productos, herramientas y maquinaria de almacén para advertir de los peligros que suponen, siendo las señales de seguridad más relevantes en el trabajo de la preparación de pedidos. De color amarillo y naranja con ribete e icono en negro, estas señales indican la posibilidad de atrapamientos, zonas de alta temperatura o inflamables.

Las señales que se encuentran sobre los productos o embalajes terciarios, como las cisternas y demás contenedores metálicos destinados generalmente al transporte de mercancía peligrosa, hacen referencia al contenido de los mismos. Muchas de estas señales avisan de cómo ha de colocarse un producto, su peso y si puede o no ser apilable uno sobre otro.

3.2. Higiene postural

La higiene postural persigue que los **movimientos de carga de mercancía manual durante la jornada de trabajo se efectúen de forma segura,** evitando daños o lesiones, sobre todo, en la zona dorsolumbar.

En este sentido, la mejor manera de elevar una carga desde el suelo de manera manual es ejerciendo fuerza con las piernas levemente separadas, la espalda recta y flexionando las rodillas. Es importante **mantener los hombros rectos o ligeramente inclinados hacia atrás,** ya que de esta forma ayudaremos a repartir adecuadamente el peso de la carga. Para ello, se recomienda levantar la cabeza y echarla hacia atrás, lo cual facilitará que los hombros no se vengan hacia delante.

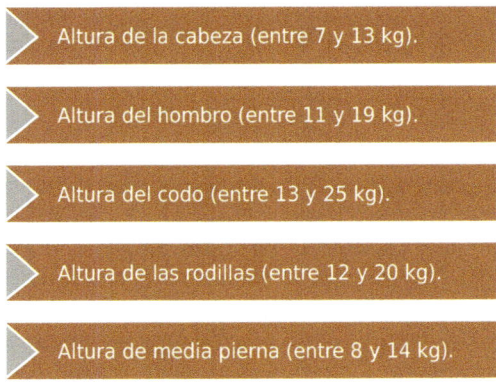

Altura de la cabeza (entre 7 y 13 kg).

Altura del hombro (entre 11 y 19 kg).

Altura del codo (entre 13 y 25 kg).

Altura de las rodillas (entre 12 y 20 kg).

Altura de media pierna (entre 8 y 14 kg).

En el transporte de la mercancía a pie es recomendable **llevarla lo más cerca posible al cuerpo,** ya que con ello se logrará que el centro de gravedad corporal y el de la carga se sitúen parejos. Pero antes del transporte, ¿cómo se debe coger la carga?

Desde el suelo	Cargas en altura

- Siempre que la carga se eleve desde el suelo deberemos **crear la mayor superficie posible bajo la base de la misma.** Para ello, usaremos la palma de la mano como elemento básico sustentador, tanto si se colocan las manos bajo la base como si se agarra el objeto por ambos lados. Lo que nunca debemos hacer es valernos solamente de los dedos para coger un producto, ya que puede que el objeto resbale y caiga, provocando aplastamiento de los miembros inferiores, o que sean los dedos los lesionados por el peso recibido.

- Del mismo modo hay que actuar con las **cargas en altura.** Esto es, si no se accede fácilmente a los laterales de la mercancía o su base, nunca nos acercaremos con los dedos hacia afuera, pues podría caer por completo sobre la cabeza o cualquier otra zona del cuerpo. En caso de que no se pueda acceder fácilmente y de forma correcta al producto habrá que utilizar la escalera, pero **nunca tomaremos la carga con los brazos más elevados que la cabeza.**

Una vez que se tenga la carga cogida con las palmas de las manos, presionando en sus laterales o bajo su base, con la espalda recta, los hombros hacia atrás y los pies separados, se podrá comenzar con el **transporte a pie de la mercancía.** Al girar para tomar curvas o simplemente para soltar la carga en uno de nuestros laterales, nunca se girará el tronco ni la cintura, puesto que se estarán dañando los discos inferiores de la columna vertebral y los músculos lumbares, por lo que se recomienda girar el cuerpo por completo, moviendo pies y piernas.

IMPORTANTE

Es aquí donde debe recordarse que el uso de calzado adecuado resulta fundamental para evitar lesiones posturales. Pese a ser de seguridad y tener las puntas de acero, este debe ser cómodo, plano y con suela de goma.

- -

Sin embargo, si lo que se pretende es **inclinar una carga para poder llevarla por arrastre o empuje o situarla sobre carretillas de mano o elevadoras** habrá que aprovechar el peso del cuerpo completo para tirar de ella sin esfuerzos ni daños dorsolumbares, utilizando para ello el propio impulso que el peso de la carga toma al ser elevada para inclinarla y poder mantenerla en esa posición el tiempo necesario.

Como ya has visto, no todo el trabajo de preparación de pedidos se basa en tareas de carga de tipo manual, ni en el transporte de las mercancías a pie, sino que **parte de esta labor se lleva a cabo sentado.** Tanto en la conducción de las máquinas como en ciertas zonas de embalaje o en las labores de administración y gestión habrá que ser igualmente consecuentes con las posturas que se adoptan si se pretenden evitar posibles daños y lesiones duraderas.

Para ello, habrá que evitar en la medida de lo posible hundirse en sillas o asientos, ya que estos deben ser de base y respaldo firme, con objeto de eliminar cualquier posibilidad de curvatura de la espalda.

La **postura correcta** a adoptar es la siguiente:

1. **Asiento:** tanto en el asiento del conductor como en la silla de trabajo frente a una mesa **es necesario regular el asiento,** permitiendo apoyar ambos pies sobre el suelo, manteniendo los muslos en ángulo recto, con los pies apoyados en el reposapiés o en el lateral de los pedales cuando estos no estén en uso.
2. **Espalda:** la espalda debe estar **totalmente apoyada sobre el respaldo,** por lo que si no se apoya por completo la zona lumbar habrá que valerse de un cojín para que el contacto sea el adecuado.
3. **Brazos:** en el **caso de la conducción de vehículos,** además de lo explicado anteriormente es recomendable no situarse con el asiento muy alejado del volante, evitando los brazos completamente rectos ante posibles impactos que generarían lesiones importantes.

Por último, se puede concluir que todas estas medidas de prevención e higiene postural en el trabajo no sirven de nada si no se llevan a cabo los mismos **cuidados de la espalda fuera del horario laboral.**

3.3. Equipos de protección individual

Para complementar los planes y normas de seguridad e higiene será necesario que cada trabajador cuente y utilice las medidas de protección adecuadas para evitar los posibles riesgos laborales derivados de la negligencia. Para ello, el propio operario debe disponer de toda la **formación e información relativa a su puesto de trabajo,** recibiéndola a través de manuales internos o formación continua favorecida por la compañía.

A continuación, se describen las **medidas de protección a establecer por el empresario,** así como las **medidas que correrán a cargo del propio trabajador.**

Como **medidas de protección a cargo del empresario** hay que destacar:

Adecuación de las zonas
- Tanto de la zona de trabajo como las de almacenamiento de los materiales y equipos de trabajo.

Correcta señalización del local
- Mapas y planes de emergencia ante incendios, señales de salidas de emergencia, escaleras, bocas de riego y extintores.

Continúa en página siguiente >>

<< Viene de página anterior

> **Correcta delimitación de las zonas de acceso**
> - Solo el operario podrá acercarse para prevenir de accidentes al personal no autorizado o cualificado. Es recomendable que las zonas en las que exista paso de maquinaria se delimiten, bien sobre el suelo mediante tiras amarillas y negras o líneas rojas, amarillas o naranjas, bien mediante barras metálicas separadoras.

> **Disposición de un botiquín y material de seguridad**
> - Es deber del empresario adquirir un botiquín y el material de seguridad necesario para el trabajador, así como de obligado cumplimiento instar al operario a que lo utilice en todo momento.

Por lo tanto, será **deber del empleado** hacer uso del equipo que se le ha facilitado, siendo el único responsable de lo que le pueda ocurrir si no lo ha utilizado durante el proceso que le ha causado el accidente; de esta forma, el trabajador cuenta con los siguientes **equipos de protección individual (EPI):**

➲ **Protección obligatoria de la vista:**

◊ **Gafas de protección:** estas gafas de plástico protegen de vertidos corrosivos o tóxicos en forma de goteo sobre los ojos del operario.

➲ **Protección obligatoria de la cabeza:**

◊ **Casco:** el uso del casco es aconsejable ante posibles desprendimientos o caídas de mercancía a cierta altura, así como para evitar golpes.

➲ **Protección obligatoria del oído:**

◊ **Orejeras:** a la hora de seleccionar el equipo de protección para los oídos hay que tener en cuenta su capacidad para reducir el nivel de decibelios al que está expuesto el operario.

➲ **Protección obligatoria de las vías respiratorias:**

◊ **Mascarilla:** ideal cuando el trabajador debe estar un tiempo prolongado en cámaras frigoríficas o en contacto con materiales tóxicos, evitando así una posible contaminación pulmonar como resultado del consumo excesivo de estos gases o efluvios.

ⵦ **Protección obligatoria de los pies:**

  ひ **Botas de seguridad:** provistas de una punta de acero, resultan ideales para evitar lesiones ante caídas sobre los pies de cargas, herramientas, pisadas con maquinaria, etc.
  ひ **Botas de goma:** si se trabaja con mercancía perecedera, alimentos o congelados, así como sobre zonas deslizantes o con posibilidad de que estén cubiertas de líquidos, se recomienda el uso de este tipo de botas.

ⵦ **Protección obligatoria de las manos:**

  ひ **Guantes de látex o nitrilo:** estos guantes son idóneos para evitar la contaminación cutánea a raíz del contacto con diferentes sustancias tóxicas.
  ひ **Guantes de cuero, textiles o cotas metálicas:** su uso está destinado a evitar cortes o lesiones en las manos causadas por cuchillas o por el transporte de elementos pesados como herramientas o mercancías.

ⵦ **Protección obligatoria del cuerpo:**

  ひ **Faja lumbar:** cuando un operario tenga que realizar movimientos manuales de mercancía, este deberá estar provisto de una faja lumbar que evite posibles lesiones al efectuar cargas pesadas.
  ひ **Vestuario adecuado:** se aconseja, siempre que sea posible, el uso de mono o pantalones y camisa de trabajo, incluyendo mandil o delantal. El chaleco reflectante es recomendable en los procesos de almacenaje para que los compañeros que estén usando maquinaria puedan observar por dónde caminan los operarios de a pie.

ⵦ **Protección obligatoria de la cara:**

  ひ **Pantalla:** este equipo de protección permite al operario protegerse de los riesgos causados por las proyecciones de partículas sólidas de líquidos y exposición a radiaciones ópticas.

ⵦ **Protección individual obligatoria contra caídas:**

  ひ **Arnés:** solamente será necesario cuando se realicen trabajos en altura.
  ひ **Vía obligatoria para peatones:** señal de que indica la existencia de una vía por la que deben circular los peatones.
  ひ **Obligación general:** acompañada si procede, de una señal adicional.

Es obligatorio el uso de gafas

Es obligatorio el uso de casco

Es obligatorio el uso de guantes

Obligación general

Es obligatorio el uso de ropa protectora

Es obligatorio el uso de pantalla protectora

Es obligatorio el uso de protección anti caída

Es obligatorio el paso para peatones

Es obligatorio el uso de calzado de seguridad

Es obligatorio el uso de protectores auditivos

Es obligatorio el uso de la máscara

 ACTIVIDAD COMPLEMENTARIA

9. Reflexiona sobre el desempeño laboral en las tareas de almacenamiento y distribución, y responde a la cuestión planteada.

   En líneas generales, ¿consideras que los operarios de las empresas que realizan tareas de almacenamiento y distribución cumplen durante su jornada laboral las normas de prevención en materia de seguridad e higiene postural?

3.4. Actitudes preventivas en la manipulación de carga

Hay que tener en cuenta varios **factores con posibilidad de riesgo** antes de tomar ciertas actitudes preventivas en la manipulación de la carga. Además de la capacidad física personal de cada operario, el calzado o el vestuario adecuado, etc., debemos considerar otros factores como son:

La observación del producto	El trayecto a llevar a cabo
- Habrá que comprobar si la mercancía puede ser cargada manualmente o si habrá que ayudarse de maquinaria de apoyo para levantarla.	- Habrá que verificar que el suelo no presenta desniveles o escalones imprevistos y que no está mojado.

En función de estos factores, debe llevarse a cabo la manipulación, evitando:

- **Cargar con más mercancía de la que se pueda llevar.** Si la mercancía es muy pesada o está paletizada, se elegirá un medio mecánico para su transporte, mientras que si puede realizarse mediante *picking* manual por una sola persona se intentará llevar el calzado, la faja lumbar y el vestuario adecuado para ello.
- **Llevar un producto incómodo y que pueda desnivelarse** o caerse por su estructura; en tal caso se rediseñará la posición de la carga antes de manipularla, se modificará su tamaño o se reducirá el peso, aunque para ello haya que desplazarse dos veces.
- **Cargas demasiado anchas,** en la medida de lo posible, ya que esto obliga a adoptar malas posturas o posiciones forzadas de los brazos que repercuten en un mal agarre. Tras comprobar si la carga presenta una longitud amplia, esta se cargará distribuyendo el peso entre dos personas.
- **Cargas muy altas** que pueden entorpecer la visibilidad.

Además, hay que recordar que el **estado de las instalaciones** resulta fundamental para estudiar el trayecto de manipulación de la carga. En este sentido, el espacio entre las zonas donde se depositan los productos debe permitir una distancia suficientemente amplia para el paso de personal a pie y de las máquinas elevadoras. En la medida de lo posible las instalaciones deben estar preparadas para **no recibir excesivas vibraciones del trasiego** de estas y evitar así desprendimientos y golpeos por caída de productos y mercancías desde las estanterías y demás situaciones elevadas.

Por último, señalar que una **buena iluminación del interior de las instalaciones** evitará el riesgo de accidentes, al igual que la limpieza y recogida de las mismas, por lo que se aconseja que tanto los pasillos como las zonas de trabajo queden libres de obstáculos, como herramientas tiradas o mal colocadas, vehículos deficientemente aparcados o bultos y escaleras entorpeciendo en los pasillos.

4. Interpretación de la simbología básica en la presentación y manipulación de productos/ mercancías

☞ HILO CONDUCTOR

Pese a su carácter mecánico y repetitivo la interpretación de las indicaciones gráficas destinadas al manejo de los embalajes para el transporte tiene más importancia de lo que muchos trabajadores piensan; de hecho, la semana pasada dos operarios de GLM no tuvieron en cuenta el pictograma de orientación o posición vertical, provocando que el contenido de los envases se derramara durante las operaciones de manipulación de la mercancía.

Muchos de los daños e incidencias sufridas por el binomio producto-embalaje en su ciclo de distribución se producen durante su manipulación, más concretamente en las **tareas de carga y descarga;** de hecho, se dan con frecuencia casos de productos mal manipulados, productos mal colocados para su transporte o productos sobre los cuales se apilan cargas con un peso mayor del que pueden soportar.

Con el fin de minimizar daños y ofrecer una serie de pautas o instrucciones de manejo de los productos embalados la **Organización Internacional para la Estandarización,** ISO por sus siglas en inglés, normalizó una serie de símbolos e indicaciones de carácter gráfico, la norma ISO 780:2015, cuya adaptación o transcripción equivalente en la norma española es la **UNE-EN ISO 780:2016.**

Las indicaciones gráficas que recoge esta norma van destinadas al manejo de embalajes de transporte y consisten en un grupo de **símbolos usados convencionalmente para transmitir las instrucciones de manejo** con independencia del país en el que se transporten, dado que en esta norma no se utilizan instrucciones escritas.

En este sentido, la norma ISO 780:2015 especifica las características de los símbolos que se emplean para marcar los embalajes de expedición con el fin de transmitir las prescripciones de la manipulación.

Pictogramas de uso internacional

Frágil	Hacia arriba	Protéjase del calor	Protéjase de la humedad	No usar gancho	Centro de gravedad
Alejar de fuentes radioactivas	No rotar	Eslingar aquí	No usar horquetas	No usar carros elevadores	No colocar mordazas aquí
Límite de temperatura	Límite de apilamiento en kg	No apilar	Límite de embalajes	Colocar mordazas aquí	

Estos símbolos pueden figurar sobre una etiqueta; sin embargo, es preferible **marcarlos directamente sobre el embalaje con una plantilla.** No es obligatorio encuadrarlos y el color a utilizar para su marcado es el negro; no obstante, si el color del embalaje fuera tal que el símbolo no resaltara claramente, se pondrá como fondo un panel de un contraste apropiado.

Normalmente, la medida de los símbolos oscila entre los 100 mm, 150 mm y 200 mm; sin embargo, en función del tamaño o la forma que presente el embalaje, hay casos en los que puede que sean necesarios símbolos mayores o menores.

Además de la simbología básica en la presentación y manipulación de productos/mercancías, no hay que olvidar que existen otro tipo de indicaciones que no solo advierten del cuidado que se ha de tener al manipular las mercancías, sino que además serán **señales suficientemente indicativas del riesgo** que conlleva la colocación de determinados tipos de artículos junto a productos perecederos.

Para ello, se deberá tener en cuenta la **naturaleza de la carga,** que puede clasificarse como peligrosa, perecedera, en tránsito, animales en pie, pesada o voluminosa, consolidada, especial y valiosa.

- **Peligrosa:** esta carga puede causar algún daño por sí sola o por factores externos a otras cargas que se encuentren próximas a ellas. Para su transporte existen regulaciones internacionales específicas para cada medio.
- **Perecedera:** se trata de la carga que no ha sufrido ningún proceso de transformación y que requiere condiciones especiales para su conservación.
- **Animales en pie:** se hace referencia principalmente a los ganados ovino, equino, porcino y bovino.
- **Pesada o voluminosa:** se trata de la mercancía cuyo peso y/o dimensiones exceden a la que se manipula con equipos convencionales, por lo que debe transportarse en compartimentos especiales acondicionados o construidos especialmente para este tipo de carga.
- **Consolidada:** puede definirse como la conjunción de varios lotes de mercancía dispersa, con el fin de formar uno solo.
- **En tránsito:** nos referimos a aquella mercancía que temporalmente es desembarcada y almacenada con objeto de reembarcarla de nuevo, debido a la necesidad de requerir un trasbordo para poder llegar a su destino final.
- **Especial:** se trata de aquella mercancía que requiere un medio de transporte especializado y, por consiguiente, un trato especial para su transporte. Por ejemplo, frutas, maderas, papel, gases, algunos productos químicos y derivados del petróleo.
- **Valiosa:** incluye aquellos artículos que tienen un valor especial como las obras de arte, piedras y metales preciosos, títulos, acciones, bonos, etc.

 ACTIVIDAD COMPLEMENTARIA

10. Busca información sobre el grado de peligrosidad que presentan las mercancías peligrosas en cuanto a su manipulación.

Una vez tratados los diferentes tipos de carga según su naturaleza, debes conocer las principales señales que podrás encontrar en las zonas de carga y descarga **relativas a la identificación de riesgos.**

Materias
radiactivas

Cargas
suspendidas

Radiaciones no
ionizantes

Baja
temperatura

Caída a
distinto nivel

Riesgo
biológico

Vehículos de
manutención

Riesgo
eléctrico

Peligro en
general

Radiaciones
láser

Campos
magnéticos
intensos

Riesgo de
tropezar

Señalización de riesgos de las mercancías

Sustancias
explosivas

Sustancias
inflamables

Sustancias
comburentes

Gas a
presión

Sustancias
corrosivas

Sustancias
tóxicas

Advertencia

Peligroso para el
medioambiente

Riesgo de
enfermedad

Pictogramas de peligro

En este sentido, cabe destacar que, de conformidad con las disposiciones correspondientes:

- El **transporte de mercancías peligrosas** debe realizarse solamente en embalajes interiores colocados en embalajes exteriores adecuados.
- No es necesario utilizar embalajes interiores para transportar artículos como **aerosoles o pequeños recipientes** contenedores de gas.
- En lo que a la posición de la mercancía en el bulto o unidad de carga se refiere es posible colocar diferentes **mercancías peligrosas en cantidades limitadas** en un mismo embalaje exterior, siempre que no haya riesgo de que se produzca una interacción peligrosa entre ellas en caso de derrame.

Es necesario conocer bien todos los símbolos, ya que en caso de no respetar la simbología y recomendaciones de manipulación de la mercancía, esta puede sufrir daños o deterioro durante las operaciones de carga y descarga de la misma.

 EJEMPLO

Los símbolos referidos al centro de gravedad, que se utilizan para señalar el centro de gravedad del embalaje, o a la no rotación de la mercancía, según el cual por ningún motivo debe rotarse el embalaje durante su almacenamiento o transporte, son fundamentales a la hora de **posicionar la mercancía en el bulto o la unidad de carga.**

TAREA 12

Los operarios del turno de noche de un almacén logístico acaban de terminar de paletizar una unidad de carga que está compuesta por más de 30 cajas (bultos). Como podrás comprobar en la imagen que aparece a continuación, los operarios han tenido que configurar la estructura de la unidad atendiendo, principalmente, a los diferentes tamaños de las cajas, y distribuyendo los bultos en función del peso y volumen de los mismos.

Continúa en página siguiente >>

<< Viene de página anterior

Explica la importancia de la posición de la mercancía en la unidad de carga referida e interpreta la simbología que aparece en los embalajes para su manipulación, siguiendo la norma UNE-EN ISO 780:2016.

5. Resumen

Las diferentes tareas que se pueden desarrollar en las **operaciones de almacenamiento y distribución de una empresa** dependen del tamaño de las instalaciones de la misma, así como de su grado de especialización aunque, por lo general, se agrupan en:

Estas operaciones conllevan una serie de **riesgos referidos al suceso que puede provocar el daño** o bien **la forma en que el objeto o la sustancia causante puede entrar en contacto con el operario,** esto es, caídas de personas a distinto nivel, pisadas sobre objetos, golpes, cortes y contactos con elementos móviles de máquinas, atrapamiento por objetos, etc.

De este modo, todo centro de almacenamiento y/o distribución debe disponer entre sus documentos de un **plan preventivo de seguridad, salud e higiene,** en el que se recojan no solo las causas más comunes de dichos riesgos, sino también las medidas preventivas que hay que llevar a cabo para evitarlos o minimizarlos en la medida de lo posible.

Asimismo, y con objeto de evitar riesgos derivados de la manipulación y preparación de la mercancía, es fundamental que el operario sepa **interpretar correctamente los símbolos y pictogramas relativos a la preparación de los pedidos,** así como las recomendaciones de acondicionamiento y manipulación de los productos en función de sus características, con objeto de que la mercancía no sufra daño alguno desde la operación de carga hasta su recepción en el correspondiente punto de destino.

Ejercicios de autoevaluación
Unidad de Aprendizaje 4

1. **¿Quién suele escoger al delegado de prevención de riesgos laborales en las pequeñas y medianas empresas?**

   a. Los trabajadores.
   b. El empresario.
   c. El comité de prevención.
   d. Los sindicatos.

2. **¿Cuál de los siguientes riesgos está asociado a la recepción de mercancías?**

   a. Contactos eléctricos.
   b. Accidentes de tráfico.
   c. Golpes contra objetos inmóviles.
   d. Caídas al mismo y a distinto nivel.

3. **Enumera al menos cuatro elementos relacionados con los equipos de protección personal.**

   _____
   _____
   _____
   _____

4. **El uso recomendado de _____ es una de las condiciones exigidas por las normas de seguridad, tanto para evitar lesiones, heridas o cortes, como para impedir el contacto de salpicaduras corrosivas o tóxicas.**

   a. botas de seguridad
   b. gafas de protección
   c. guantes
   d. mascarilla

5. El espacio entre las zonas donde se depositan los productos debe permitir una distancia _____ para el paso de personal y máquinas elevadoras.

    a. corta
    b. insuficientemente amplia
    c. suficientemente amplia
    d. mínima

6. Indica si las siguientes frases son verdaderas o falsas.

    a. Siempre que se manipulen las cargas de manera manual deberá hacerse en posición de parada y en pie, ya que siempre se tendrá que mover carga por arrastre.

        ■ Verdadero
        ■ Falso

    b. Entre los datos que se encuentran en la Ley de Riesgos Laborales vigente aparecerán una serie de puntos dirigidos a la evaluación de los riesgos para la salud y la seguridad del trabajador, así como la planificación de la acción preventiva.

        ■ Verdadero
        ■ Falso

7. La señal que muestra un icono similar a un círculo en llamas dentro de un triángulo indica...

    a. ... material corrosivo.
    b. ... material inflamable no tóxico.
    c. ... material comburente.
    d. ... que se puede aplicar calor o fuego al producto.

8. La señal que muestra un paraguas abierto indica...

    a. ... que la caja contiene ese artículo: paraguas.
    b. ... que la humedad y los líquidos no afectan al contenido.
    c. ... preservar de la humedad y los líquidos al contenido.
    d. Todas las opciones son incorrectas.

9. ¿Cuántos kilogramos puede cargar una mujer joven que no se encuentra en buenas condiciones físicas?

   a. 10 kg
   b. 15 kg
   c. 20 kg
   d. 25 kg

10. Si se lleva mercancía a pie, de manera manual se aconseja…

   a. … llevar los brazos separados del cuerpo.
   b. … efectuar giros de cintura o tronco.
   c. … elevar el cuello o cabeza.
   d. Todas las opciones son incorrectas.

Glosario

AECOC
Es la asociación de fabricantes y distribuidores.

Apilar
Consiste en disponer las cargas unas sobre otras.

Arrufo
Una deformación del casco de un barco por haber cargado excesiva mercancía en el centro, hundiéndolo centralmente.

Biodegradable
Materiales que pueden ser descompuestos por la acción biológica.

Bisagras
Son herrajes articulados que permiten mover puertas, ventanas, etc., de una forma cómoda y sin esfuerzo.

Botiquín
Elemento destinado a contener material para realizar curas y medicamentos.

***Box* palé**
El término anglosajón box palé responde a sus cualidades: sin dejar de ser una caja, suele responder a las medidas de la base de un palé.

Caja envolvente
Conocida también como *wrap up* o *wrap around,* es un tipo de embalaje consistente en un cartón ondulado que, usado de manera envolvente, rodea a la mercancía preservándola sobre todo de posibles golpes.

Cangilón
Este sistema se cimenta en una serie de recipientes sólidos, generalmente metálicos (antiguamente de madera o arcilla), encadenados entre sí y separados por una distancia concreta.

Cliente
Comprador y receptor de productos o servicios bajo un precio anteriormente concertado.

Coeficiente o factor de estiba
Estudio para el control de las cargas de la mercancía en condiciones de seguridad. Relación entre el volumen ocupado y el peso de un determinado producto.

Contenedores o *containers*
Son aquel tipo de embalaje terciario encargado de ser el último y de garantizar mayor seguridad en el contenido.

Dársena
Zonas resguardadas de los puertos que posibilitan realizar la carga y descarga de buques sin peligro.

EDI
Son las siglas de *Electronic Data Interchange* o intercambio electrónico de datos. Facilita el traspaso de información a ordenadores y terminales mediante una mínima intervención por parte de los operarios, y traduce y asimila varios sistemas de códigos de etiquetado.

Embalaje
Es el procedimiento consistente en preservar de manera cuidadosa y en un recipiente seguro todos aquellos objetos que van a ser transportados.

Embalaje primario
Todo envase diseñado para constituir en el punto de venta una unidad de venta destinada al consumidor o usuario final, ya recubra al producto entero o solo parcialmente, pero de tal forma que no pueda modificarse el contenido sin abrir o modificar dicho envase.

Embalaje secundario
Todo envase diseñado para constituir en el punto de venta una agrupación de un número determinado de unidades de venta, tanto si va a ser vendido como tal al usuario o consumidor final, como si se utiliza únicamente como medio de reaprovisionar los anaqueles en el citado punto, pudiendo ser separado del producto sin afectar a las características del mismo.

Empaque o empaquetado
Es la tarea que se corresponde con la colocación de los artículos o productos de manera ordenada y segura dentro del embalaje secundario que los guarda.

ERP

Es un sistema de información que permite planificar los recursos empresariales.

Estiba

Técnica de fijación de las cargas para que estas no se mezan ni tambaleen al contacto de las olas y tempestades que se puedan dar en una travesía por mar.

Estuche

Es un tipo de caja que permite mediante el uso de un sistema de bisagra abrir o cerrar su tapa para mostrar su contenido.

Etiquetado

Ejerce de elemento diferenciador, al tiempo que indica datos importantes del contenido.

Exportación

Consiste en vender los productos o servicios de la empresa en países distintos.

Factor de estiba

Índice que relaciona el peso de una carga con su volumen.

FIFO

Los sistemas FIFO vienen referidos al inglés *First In First Out,* o lo que es lo mismo refiriéndose a la mercancía almacenada, la primera en haber entrado es la primera en salir (idóneo para productos con fecha de caducidad).

Fleje

Es una cinta fina metálica o de plástico que permite asegurar con fuerza la mercancía a puntos de anclaje tras su cierre, o bien rodear en forma de abrazadera un embalaje de tipo secundario, asegurando su cierre y seguridad.

Francobordo

Estudios de flotabilidad de los buques y su mercancía que según época o diferencia en las aguas, empezaron a definir unas garantías de reserva de flotabilidad.

Gama de productos

La gama de productos es el número de referencias de distinto tipo que componen la oferta empresarial.

Guantes de nitrilo
Fabricados a partir de polímeros sintéticos, ofrecen una protección similar al látex pero son más resistentes a las punciones.

Higiene postural
Hace referencia a los movimientos o posturas que se deben aprender para evitar ciertos esfuerzos, y para descargar de pesos y lesiones a la columna vertebral.

Horquilla
Elemento de la transpaleta en el que se apoya la carga para ser manipulada. Está fabricada de materiales resistentes.

Importación
Consiste en adquirir productos en países distintos al de origen.

Indeleble
Las etiquetas deben ser resistentes para que no se puedan borrar con el paso del tiempo o por su contacto con determinados elementos, por ejemplo el agua.

ISO
"Organización Internacional para la estandarización", disponen de un conjunto de normas sobre la gestión de la calidad y el medioambiente.

Licking
Son aquellos documentos de relevancia para el Departamento de Administración, ya que serán los que tengan relación con el control de los albaranes y facturas, desde que se realiza el presupuesto hasta que se acepta.

LIFO
LIFO, *Last In Frist Out,* donde la más nueva o última en entrar es la primera que sale, dejando los productos más antiguos aún almacenados.

Maleabilidad
Es una propiedad de los materiales a los que se les puede dar forma sin romperlos.

Mandil
Prenda de cuero o tela resistente que cubre desde el pecho hasta las rodillas.

Mercancía a granel
Es aquella, en estado sólido o líquido, que se transporta de un punto a otro sin la necesidad de estar embalada o empaquetada.

Nocivo
Elementos peligrosos que perjudican o dañan la salud.

Normas técnicas
Documentos aprobados por organismos reconocidos en los que se establecen las especificaciones técnicas con las que deben contar los embalajes de los productos en función de sus características.

Ofertante
Persona física o jurídica que ofrece en venta un producto.

Orden de pedido
Documento en el que se reflejan detalladamente los datos necesarios para suministrar un pedido a un cliente.

Palé
Plataforma o bandeja de carga sobre la que se adecuarán los artículos. Generalmente de madera, se constituye como una estructura de tablas aguantadas y unidas en cinco puntos, sus laterales y centro, y parte superior e inferior.

Pedido perfecto
Es aquel que se ha entregado en el plazo acordado y sin errores en las cantidades ni en el tipo de producto.

Picking
Conjunto de actividades destinadas a la recogida y acondicionamiento de la mercancía solicitada por los clientes, nueva colocación del almacén tras la retirada, y actualización del control de la mercancía tras el proceso.

Proveedor
Ofertante de la mercancía, productos y servicios a su cargo.

Quebranto
Cuando el casco del barco se flexiona porque el peso es mayor en los laterales, hundiendo ambos lados.

Radiofrecuencia

Sistema que guía al usuario en tiempo real durante todas las operaciones que debe realizar en el almacén, reduciendo los movimientos, aumentando la productividad y minimizando los errores.

Rotación

Es un concepto utilizado a menudo en economía, la rotación mide el número de veces que una variable es renovada a lo largo de un periodo de tiempo determinado.

Sistemas ERP

Aplicación informática que ayuda a la organización interna de una empresa. En este caso ofrece diariamente el listado de orden de pedidos para cada operario en el ordenador personal de almacén.

SGA o Sistema de Gestión de Almacén

Sistemas de seguimiento y control de pedidos, también conocidos por sus siglas en inglés WMS *(Warehouse Management System)*, y son herramientas de *software* informático que tienen como función la preparación de pedidos de forma cómoda y automatizada, permitiendo la modificación de cada sección en tiempo real sin tener que escribir o imprimir un nuevo parte.

Stock

Cantidad de mercancías que se tienen en depósito.

Transpaletas

Herramientas de carga de mercancía que, apoyadas en ruedas, se componen de dos palas en forma de horquilla y un mango con sistema hidráulico que permite elevar ambas palas levantando la mercancía a cierta altura sin esfuerzo.

Trazabilidad

Procedimiento o aplicación que permite llevar el control de uno o varios productos desde su llegada a las instalaciones, hasta su transporte y entrega al cliente final.

Unidad de carga

Cada uno de estos contenedores que pueden estar formados por unidades de mercancía del mismo producto, o de diversos artículos o unidades de pedido de diferente índole.

Unidad de pedido

Es una mercancía concreta dentro de una jerarquía de productos que el cliente ha elegido en su pedido para establecer su compra.

Unitarización

Consiste en disponer las mercancías sobre los palés o contenedores usando algún método que permita asegurar la carga, por ejemplo, film, fundas, flejes, etc.

Verificación

Comprobación del cumplimiento de lo acordado.

Verificación de pedidos

Hace referencia a que, antes de registrar el pedido, se ha comprobado que este se ha realizado de forma correcta.

Walkie talkie

Terminales que facilitan la comunicación entre los operarios del almacén.

Wrap around

La caja envolvente o *wrap around,* es un tipo de embalaje consistente en un cartón ondulado que rodea la mercancía, preservándola de posibles golpes.

Zonificado

En un sentido amplio, la zonificación consiste en dividir un determinado emplazamiento en sectores que contengan grupos homogéneos de referencias.

Bibliografía

Libros, monografías

→ CARDOS Carboneras, M. [et al.]: *Manutención y almacenaje: diseño, gestión y control*. Valencia: Universidad Politécnica de Valencia, 2004.

> Manual en el que se describen las pautas en cuanto a diseño, gestión y control de un almacén que hay que tener en cuenta para un funcionamiento adecuado.

→ ANAYA Tejero, J. J.: *Almacenes. Análisis, diseño y organización*. Madrid: Editorial Libros Profesionales De Empresa ESIC, 2008.

> Manual en el que se analizan diversas herramientas para determinar la capacidad de almacenamiento requerida, la localización física del almacén, el diseño y cómo se organiza.

→ ANAYA Tejero, J. J.: *Logística integral: la gestión operativa de la empresa*. Madrid: Editorial Libros Profesionales de Empresa ESIC, 2008.

> En este libro se explican los diferentes procedimientos que se aplican para el control del flujo de materiales en los almacenes.

→ ASTALS Coma, F.: *Operaciones administrativas de compraventa*. Barcelona: Ediciones UPC, 2011.

> Manual en el que se detallan algunos de los conceptos que se deben tener en cuenta a la hora de desarrollar las actividades que se llevan a cabo en el día a día de los negocios.

→ CARVAJAL, L. G. [et al.]: *Preparación de pedidos y venta de productos*. [s.l.]: Editex, 2022.

> Guía en la que se presentan diferentes métodos y tipos de embalaje de productos.

→ DIEGO Morillo, A.: *Seguridad y prevención de riesgos en el almacén*. Madrid: Ediciones Paraninfo, S. A., 2022.

En esta guía se realiza un análisis sobre la importancia de la prevención de riesgos en los centros de almacenaje.

→ ESCUDERO Serrano, M. J.: *Operaciones administrativas de compraventa*. Madrid: Ediciones Paraninfo, S. A., 2017.

Manual en el que se detallan conceptos clave a tener en cuenta a la hora de desarrollar las actividades que se llevan a cabo en el día a día de los negocios.

→ PAU I COS, J. y DE Navascues, R.: *Manual de logística integral*. Madrid: Editorial Díaz de Santos, 2001.

Guía en la que se describen los procesos y procedimientos relacionados con la logística, que guardan relación con la empresa.

→ TEJADA Molina, F.: *Preparación de pedidos: Recepción, almacenaje y distribución de productos*. Madrid: Ideaspropias Editorial, 2014.

Libro en el que se recogen los métodos y medios de preparación de pedidos y se dan unas pautas básicas para la prevención de riesgos laborales en el almacén.

Textos electrónicos, bases de datos y programas informáticos

→ Fundación para la Prevención de Riesgos Laborales, de: <www.funprl.es>.

Sitio web en el que se puede encontrar información para el cumplimiento de la normativa de prevención de riesgos.

→ Instituto Nacional de Seguridad y Salud en el Trabajo, de: <www.insht.es>.

Página web en la que se publican las Normas Técnicas de Prevención (NTP).